Gabriele Praschl-Bichler

Kaiser Franz Joseph *ganz privat*

Gabriele Praschl-Bichler

Kaiser Franz Joseph *ganz privat*

»Sie haben's gut, Sie können ins Kaffeehaus gehen!«

Mit 32 Abbildungen

Amalthea

Alles im Buch veröffentlichte Bildmaterial
entstammt einem Privatarchiv.

3. Auflage 2005

in der F. A. Herbig Verlagsbuchhandlung GmbH,
Wien · München · Berlin

Umschlaggestaltung: Wolfgang Heinzel
Umschlagabbildung: Österreichische Nationalbibliothek, Wien
Herstellung und Satz: VerlagsService Dr. Helmut Neuberger
& Karl Schaumann GmbH, Heimstetten
Gesetzt aus der 10,5 Punkt Simoncini Garamond
Druck und Binden: Ueberreuter Buchproduktion, Korneuburg
Printed in Austria
ISBN 3-85002-547-0

Inhalt

Vorwort zur dritten Auflage

Als ich vor etlichen Jahren das Buch »Sie haben's gut, Sie können ins Kaffeehaus gehen!« über das Privatleben Kaiser Franz Josephs schrieb, habe ich nicht gedacht, daß dieses Werk und die folgenden achtzehn Bände über die Habsburger einen so großen Erfolg erzielen würden. Die meisten dieser Bücher haben – dem Interesse der Leser entgegenkommend – das Leben der zwei »Publikumslieblinge« Kaiser Franz Joseph und Kaiserin Elisabeth zum Inhalt. Als solche sind die beiden unumstritten, und ich möchte nun einmal die Frage erörtern, was sie aus der Masse ihrer Familien heraushob und sie so besonders gemacht hat. Denn Habsburger Kaiser und Wittelsbacher Prinzessinnen hat es schon früher gegeben, und – mit Verlaub gesagt – es waren interessantere Charaktere darunter.

Eine erste Erklärung liegt auf der Hand: Die beiden waren das »letzte«*) österreichische Herrscherpaar und damit das uns zeitlich am nächsten liegende. Hinzukommt,

*) Selbstverständlich ist mir bewußt, daß Kaiser Karl und Kaiserin Zita das letzte Regentenpaar war. Doch konnten die beiden in den zwei kurzen Jahren ihrer Herrschaft, die noch dazu in die letzten Jahre des Ersten Weltkriegs fielen, nicht annähernd so viel Popularität erlangen.

daß Kaiser Franz Joseph mit 68 Jahren Regentschaft einer der am längsten regierenden Monarchen aller Zeiten war. Drei bis vier Generationen Menschen kannten Österreich nur unter seiner Herrschaft. Bei Kaiserin Elisabeth liegt der Fall ähnlich. Als Frau eines der längst dienenden Regenten der Welt war auch sie eine lange Wegstrecke – immerhin 44 Jahre – mit dabei. Daß sie während dieser Zeit nicht einmal alterte, erhebt sie zur ewig schönen Kaiserinnen-Ikone (selbstverständlich ist auch sie gealtert, doch ließ sie sich ab ihrem etwa 35. Lebensjahr nicht mehr photographieren). Das macht sie so nachhaltig attraktiv. Denn wer wollte nicht »ewig schön« sein wie sie?

Doch wieder zurück zum Phänomen Kaiser Franz Joseph, auf den zunächst ähnliche Merkmale wie bei seiner Ehefrau zutrafen: Er war gutaussehend, sportlich – und zudem maßlos wohlhabend. Im Unterschied zu Elisabeth führte er sogar ein zufriedenes Leben: als glücklicher Ehemann, Vater, Großvater und in allererster Linie als fleißigster Beamter seines Staates. So viele Akten, wie Kaiser Franz Joseph in seinem Leben bearbeitet hat, hat sicherlich kein anderer Regent je durchgesehen, wahrscheinlich nicht einmal ein Beamter. Hier sind wir beim Kernpunkt der Geschichte angelangt, damit ist nun die jahrzehntelange, hingebungsvolle Verehrung erklärt: Beinahe jeder vermeint ein Stück dieses Biedermannes, dieses Familien- und pflichtbewußten Menschen in sich wiederzuerkennen. Und wenn er es nicht in sich wiedererkennt, dann würde er gerne einige dieser Eigenschaften besitzen. Und falls er noch nicht darüber nachgedacht hat, dann wünsche ich ihm viel Erfolg bei der Suche.

Gabriele Praschl-Bichler im Juli 2005.

1
Leben, Lieben und Sterben nach Zeremoniell

Die Habsburger und die Hofetikette

Die Geschichte vom König, der in einer prachtvollen Burg, von großem Luxus umgeben, glücklich lebte und der sich die Zeit mit Kahnfahrten, Picknicks und Tanzvergnügungen vertrieb, ist – eine Geschichte. Genauso wie die Idee, daß er nach Belieben eine Gänsemagd oder ein einsames Aschenputtel zur Gemahlin nehmen und mit ihr bis ans Ende seiner Tage in seliger Zweisamkeit leben konnte.

In Wahrheit waren Könige beschränkt in ihrer Zeiteinteilung, verpflichtet dazu, eine gewisse Gesellschaft dauernd um sich herum zu ertragen, kurzum sie waren Gefangene des höfischen Zeremoniells. Und was die Wahl einer Ehefrau anbelangte, so konnte der Regent keinesfalls nach eigenem Gutdünken und Wohlgefallen entscheiden, sondern mußte sich den Einflüsterungen hoher Staatsbeamter und (tages)politischen Interessen fügen.

Das galt auch für Kaiser Franz Joseph, der – eingesponnen in ein dichtes Netz von Terminen, Zeremoniell und Etikette – kaum etwas unternehmen konnte, wonach ihm spontan der Sinn stand. In allen Belangen des Privat- oder Hoflebens unterlag er dem Hofzeremoniell, das erfunden worden war, um die Person des Herrschers zu »entmenschlichen« (oder zu vergöttlichen). Sie sollte aus der Masse der Normalsterblichen erhoben werden, damit sie ebenso unerreichbar wie unantastbar würde. Das verlangte dem Erwählten – oder besser dem Betroffenen – ein lebenslang in Disziplin geführtes Leben ab, das ein auf den Beruf Unvorbereiteter kaum durchgehalten hätte.

Kaiser Karl V. hatte das Hofzeremoniell im 16. Jahrhundert mit allem beschwerlichen und umständlichen Pomp ausgestattet, sein Enkel, Kaiser Rudolf II., machte es am Wiener Hof heimisch. Unter dem spanischen König Philipp II., dem Sohn Kaiser Karls V., bildete das Studium der Hofetikette der aristokratischen Jugend eine Pflichtlektüre, die zu beherrschen von großer Vornehmheit zeugte. Die Etikette klärte darüber auf, wieviele Schritte vor einer Verbeugung wem gegenüber zu gehen und wie tief Verbeugungen im einzelnen Fall auszuführen waren.

Als die Königin von Spanien eines Tages vom Pferd glitt, blieb sie unglückselig mit einem Fuß im Steigbügel hängen und wurde vom weitertrabenden Pferd mitgeschleift. Der Erste Stallmeister, der als einziger das Recht gehabt hätte, den königlichen Fuß zu berühren, war nicht zugegen, weshalb keiner der dreiundvierzig anwesenden Hofkavaliere wagte, der Königin zu Hilfe zu eilen. Nachdem – außer mit Entsetzen – niemand auf den Unfall reagiert hatte, faßte sich ein hoffremder Kavalier ein Herz, nahm die Verfolgung von Königin und Pferd auf und befreite die Dame aus der mißlichen

Lage. Zur Belohnung wurde er mit einer lebenslangen Verbannung aus Spanien belegt.

Der König von Spanien unterlag denselben umständlichen Regelungen und durfte seine Gemahlin zum Beispiel nur nach vorgeschriebenem Zeremoniell in ihren Privaträumen besuchen. Zuallererst hatte der Tag und die Stunde der Zusammenkunft festgelegt zu werden. Dann mußte der König das schwarze Hofkleid mit Mantel anlegen (so wie man es aus den zeitgenössischen Porträts kennt, auf denen die Dargestellten sehr steif und unbeweglich erscheinen) und darauf warten, daß ihn der Obersthofmeister abhole und zur Gemahlin geleite. Unter Vortritt eines Granden, der einen Kerzenleuchter trug, und eines zweiten, der ihm mit einer Karaffe reinen Wassers folgte, begab sich der König – flankiert von den höchsten Staatschargen und einer Abteilung von Hellebardieren – durch eine Flucht von Vorzimmern, in denen der Hofstaat, nach Rangklassen abgestuft, versammelt war, zu den Gemächern der Königin. Auch sie war von ihrer Obersthofmeisterin auf den bevorstehenden Besuch vorbereitet worden. In einer dem Anlaß entsprechenden Robe schritt sie mit ihrem Gefolge aus ihren Privaträumen dem König entgegen, sodaß beide in einem ebenfalls vorbestimmten Gemach zum möglichst selben Zeitpunkt eintrafen. Dieser Raum war dem Zweck der Zusammenkunft entsprechend möbliert und vorbereitet worden. Licht und Karaffe wurden darin abgesetzt, das beiderseitige Gefolge zog sich, wieder genau nach Rängen geordnet, in angrenzende Räume zurück und harrte dort geduldig aus, bis das königliche Ehepaar, durch verschiedene Türen tretend, wieder erschien und den ebenfalls zeremoniell geregelten Rückweg antrat. Es ist nicht auszudenken, welcher Wirrwarr entstanden wäre, wenn der König seine Ehefrau aus einer plötzlichen Laune heraus spontan besucht hätte, und es ist weiters fraglich, ob er überhaupt bis zur Gemahlin vorgedrungen wäre.

Eine kuriose Blüte trieb das Hofzeremoniell auch mit den vielen per procurationem (in Stellvertretung) zu verheiratenden Paaren. Da Eheschließung und Beilager vor Zeugen stattzufinden hatten und man letzteres mit dem Vertreter des Bräutigams oder der Braut aber nicht durchführen konnte und durfte, erfand man als Ersatz eine symbolische Notlösung. In einem prunkvoll ausgestatteten Bett, in dem sich die – bekleidete – Braut unter einer Decke befand, wurde in Anwesenheit des Hofstaats die Ehe sinnbildmäßig »vollzogen«, indem der Stellvertreter des Bräutigams das ebenfalls bekleidete, aber unbeschuhte rechte Bein für kurze Zeit unter dieselbe Decke steckte.

Besonders genau hielt sich der barocke Kaiser Leopold I., ein Großneffe Kaiser Rudolfs II., an die steife spanisch-burgundische Regelung. Seine Regierungszeit, eine ganz auf Form hin ausgerichtete Epoche, war geradezu geschaffen, ein nach Gesellschaftsschichten, Sitten und Tätigkeiten geordnetes Leben vorzuspielen. Unter Kaiserin Maria Theresia wurde die strenge Form des Hofzeremoniells mit einer gemütlich-wienerischen Note versehen, ihr Sohn und Nachfolger, Kaiser Josef II., reduzierte es auf ein – von der Gesellschaft gefordertes – nötiges Mindestmaß. Unter Kaiser Franz Joseph huldigte man der bürokratisch-pedantischen Auslegung des Zeremoniells. Das Wiener Hofzeremoniell umfaßte allgemein die Etikette (Regelung des Verhaltens bei Hof), die Kleiderordnung (in Bezug auf Feste, Hoftrauer usw.), die Rangabstufungen innerhalb der Gesellschaftsschichten (Alter, Titel und Würden der einzelnen Personen) sowie den Hofzutritt, der vorsah, daß die Hofwürdenträger an feierlichen Prozessionen in einer bestimmten Reihung teilnehmen durften. Am Wiener Hof galt die Regelung des Hofstaates aus dem Jahr 1527 bis zum Ende der Monarchie im Jahr 1918. Weiters beinhaltete das Hofzeremoniell die wichtigsten Punkte der Vorbereitungsarbeit und Gestaltung von Festlichkeiten, die Klärung der Sicherheitsbelange sowie die der Hofreise- und Quartierangelegenheiten. Wenn ein Mitglied des Kaiserhauses starb, wurde die Hoftrauer angesagt, und die sogenannte Hoftrauer-Regelung trat in Kraft. Kaiserin Maria Theresia hatte am 22. Dezember 1767 eine Hofklag-Tragungsverordnung erlassen, eine Regelung, die Vorschriften für sieben verschiedene Klassen enthielt.

Bei den Audienzen, die Kaiser Franz Joseph gewährte – es sollen im Laufe seiner Regentschaft an die einhunderttausend gewesen sein –, unterschied man die allgemeinen Audienzen von den Privataudienzen. Die Reihenfolge bei den privaten Audienzen bestimmte der Rang des Bewerbers. So hatten beispielsweise Kammerherren Vortritt vor den Rittern des Goldenen Vlieses und diese wiederum vor den Inhabern anderer hoher Orden. Kardinäle, die Mitglieder des Klerus im allgemeinen, hatten vor allen anderen den Vortritt. Was die Kleidervorschriften anbelangte, so hatte eine Zivilperson im Frack zur Audienz zu erscheinen, die Militärperson in voller Paradeuniform.

Einige Minuten, bevor der Audienzbewerber zum Kaiser vorgelassen wurde, unterrichtete ihn der Zeremonienmeister vom Begrüßungs- und Eintrittsritual der drei immer tiefer werdenden Verbeugungen: die erste hatte stattzufinden, wenn sich die Flügeltüre vom Wartesaal (Großer Audienzsaal) ins Audienzzimmer auftat, die zweite zwischen der Türe und dem Kaiser, die dritte vor dem Kaiser in gebührend respektvollem Abstand, jedenfalls noch so weit vom Herrscher entfernt, daß der Besucher keinen Händedruck erwarten konnte. Nur bei ganz besonderer Auszeichnung reichte der Kaiser dem Audienznehmer die Hand. Eine noch größere Schwierigkeit als der Eintritt ins Audienzzimmer stellte der ordnungsgemäße Rückzug dar: Laut Anweisung des Zeremonienmeisters mußte sich der Besucher vom Kaiser rückwärtsgehend und unter Ausführung von zwei Verbeugungen verabschieden. »Mit dem Rücken zur Türe« bedeutete, »blind« auf sie zuzusteuern. Meist gestaltete sich dieser Abgang tragikomisch und im Zickzackkurs, was nicht selten zur Folge hatte, daß man irgendwann an die mit riesigen Porzellan-Vasen beladenen Konsoltische stieß. Wer Glück hatte, wurde von einem mitleidigen Hofbediensteten an den Frackschößen unauffällig in Sicherheit gezogen.

Selbst bei gering erscheinenden Anlässen wurde an althergebrachten Sitten und Vorschriften festgehalten, so wie die alljährlich stattfindende Ankunft zum Frühsommeraufenthalt des Kaisers in Schloß Laxenburg –

der den Auftakt zur Ischler Reise bildete – seit den Tagen der Kaiserin Maria Theresia nach immer demselben Zeremoniell erfolgte: eine Abordnung der Gemeinde, der Schuljugend, der Geistlichkeit und der Chef der Bezirksbehörde hatten sich zur Ankunft des Kaisers einzufinden und ihn mit immer denselben Ritualen, Aufregungen und Reden willkommenzuheißen.

Obersthofmeister Fürst Montenuovo zählte zu den eifrigsten Verfechtern bei Beachtung möglichst vieler zeremonieller Vorschriften, obwohl er selbst große Schwierigkeiten gehabt hätte, einen korrekten Standesnachweis zu erbringen. Streng genommen ein Neffe zweiten Grades Kaiser Franz Josephs, durfte er sich doch nie als reguläres Mitglied der Familie betrachten, da sein Vater aus einer ziemlich unstandesgemäßen und wenig einwandfreien Verbindung hervorgegangen war: Die Großmutter des Fürsten Montenuovo, Erzherzogin Marie Luise, eine Tochter Kaiser Franz' II. (I.), erhielt als Nochehefrau des verbannten Exkaisers der Franzosen, Napoleons I., auf Lebenszeit die aus einer bourbonischen Nebenlinie stammenden Herzogtümer Parma, Piacenza und Guastalla übertragen, wohin sie sich als Regentin begeben durfte. Ihr Vater stellte ihr als Begleiter den Grafen Adam Albert Neipperg zur Seite, an dem Marie Luise bald so sehr Gefallen fand, daß sie ihm in der Folge – als Nochehefrau Napoleons – einige Kinder schenkte. Diese Nachkommen wurden trotz einer später folgenden Heirat von beiden Familien als »nicht standesgemäß« anerkannt und durften nicht einmal den Namen Neipperg tragen. So italianisierte man Neipperg in Montenuovo (Neuberg), und der Enkel der ältesten männlichen Linie sollte diesem Namen als (später gefürsteter) Obersthofmeister noch zweifelhafte Ehre angedeihen lassen. Peinlich genau versah er das Amt und nahm gesellschaftliche Rangordnungen so wichtig wie Staatsgeschäfte. Den Status der Gemahlin des Thronfolgers Franz Ferdinand, einer geborenen Gräfin Chotek (später Herzogin Hohenberg), behandelte er mit aller »gebührenden« Strenge: Sie durfte bei Empfängen, Bällen und anderen offiziellen Anlässen nicht an der Seite des Gemahls erscheinen, sondern mußte am Ende des Zugs hinter den jüngsten Erzherzoginnen einziehen. Selbst bei der Aufbahrung des 1914 in Sarajewo ermordeten Paares in der Hofburgkapelle hielt sich Montenuovo streng an die Etikette und ließ den Sarg der Herzogin von Hohenberg um einige Zentimeter tiefer stellen als den ihres Ehemanns.

2
Wie viele Gulden schenkt man zum Geburtstag: fünf oder fünfzigtausend?

Über Geldverständnis und Taschengeld des Kaisers

Eigentlich brauchte dieses Kapitel nicht geschrieben zu werden, denn weder der Kaiser, noch seine Gemahlin, noch ein anderes Mitglied seiner Familie verfügte als privat auf der Straße Spazierender über Taschengeld. Kaiser Franz Joseph durfte selbst keinen Einkauf tätigen, weshalb ihm jedes Wissen vom Verhältnis des Geldes zum Warenwert fehlte. Als ihn sein jüngster Brüder, Erzherzog Ludwig Viktor, anläßlich eines Geburtstags anstatt eines Geschenks um Geld bitten ließ, wies der Kaiser einen Beamten an, ihm fünf Gulden zu übergeben. Auf den Einwand des Obersthofmeisters Prinz Hohenlohe, daß das recht wenig sei, erhöhte der Kaiser den Betrag kurzfristig auf fünfzigtausend Gulden, worauf Hohenlohe entgegnete, daß dieser Betrag die Großzügigkeit weit überschreite. Dem Kaiser war die Diskussion um eine so unwichtige Angelegenheit zu lange und zu kompliziert geworden, weshalb er zuletzt eine Überweisung von fünfzig Gulden verfügte, ohne eine weitere Bemerkung anzuhören oder gar gelten zu lassen.

Im Vergleich dazu eine Episode aus dem Leben der Kaiserin Elisabeth, die im Unterschied zu ihrem Gemahl zum Geld wohl ein Verhältnis hatte, das aber eher als philosophisch zu bezeichnen ist: »Heute ist etwas Interessantes passiert. Wir (Kaiserin Elisabeth und ihr Griechischlehrer, der die Geschichte erzählt) sind über die Abhänge, die vom Achilleion (Privatvilla der Kaiserin auf der Insel Korfu) zu der Bucht von Kanoni hinunter führen, bis an den Strand gekommen. Die Kaiserin wollte, daß der Fährmann ... uns auf seinem Boot nach Kanoni hinüberbringe. Ich frug ihn, was er dafür begehre ... Er verlangte zwei Papiertaler. Er hatte nämlich die Kaiserin erkannt, auf die in Korfu jedes Kind mit dem Finger weist ... Ich sagte, das wäre doch zu viel, wir würden einen Taler geben. Doch er blieb fest und begann endlich mich mit Schmähungen zu überhäufen ... Die Kaiserin lachte und sagte: ›Lassen Sie – wir gehen zu Fuß die Küste entlang.‹

Während wir gingen, trafen wir einen kleinen Fischerjungen, der sich erbot, uns einen trockenen Pfad zu zeigen. Wie wir an Ort und Stelle waren, hieß mich die Kaiserin dem Jungen ein Goldstück geben ... Man sagt, daß die Herrscher den Geldwert nicht kennen – ich glaube, sie (die Kaiserin) hat dem Gelde jenen Kurswert gegeben, den es einzig und allein haben soll; er hängt von der Intensität ihres Wunsches ab.« (Aus dem Tagebuch des Griechischlehrers der Kaiserin, Constantin Christomanos, März-April 1892, S. 152 f.)

Kaiser Franz Joseph war ein sehr sparsamer Mensch, vor allem sich selbst gegenüber. Laut einer Aussage seines Leibkammerdieners Ketterl hätte man ihn mit fünf

Gulden am Tag »durchgebracht«.

Als Privatmann verfügte der Kaiser über ein großes Vermögen, das jährlich um die Einkünfte aus jeder der beiden Reichshälften bedeutend vermehrt wurde (in der sogenannten Zivilliste, das ist der für den Landesherrn bestimmte Betrag im Staatshaushalt, scheinen im Jahr 1904 19,323.000 Mark [1] auf). Nur Zar Nikolaus II. von Rußland soll mehr aus der Staatskasse, nämlich 27,000.000 Mark[1], erhalten haben. Das Privatvermögen des Erzhauses basierte auf dem Habsburger Familienfonds, das sich aus dem Erbe Kaiser Franz' I. Stephan aufgebaut hatte. Der Gemahl der Kaiserin Maria Theresia hatte sich als geschickter Geschäftsmann entpuppt, der mit privaten Transaktionen ein riesiges Vermögen geschaffen und ständig erweitert hatte. Sein Sohn und Nachfolger, Kaiser Josef II., konnte sogar mit einem Teil seines Erbes die Staatsschulden decken. Noch bis zum Jahr 1918 verfügten die Habsburger über immense private Reichtümer (Schlösser, Land- und Forstwirtschaften, Zinshäuser usw.), die nach dem Ersten Weltkrieg großteils – dem ärarischen Vermögen gleichgesetzt – enteignet wurden.

[1] Die Mark-Beträge scheinen im Cachée'schen Manuskript auf und wurden wahrscheinlich einem deutschen Buch entnommen, denn in Österreich rechnete man 1904 in Kronen. Eine Anfrage beim Statistischen Zentralamt in Wien brachte keine genaueren Umrechnungsdaten.

3
Wenn alle aufstehen, muß es wohl die Kaiserhymne sein ...

Über die musischen und handwerklichen Talente des Kaisers

Trotz der vielen hochmusikalischen Vorfahren (sehr viele Habsburger sind aus der großen Menge der Familienmitglieder als anerkannte Komponisten hervorgetreten, unter denen Kaiser Leopold I. eine besondere Rolle einnimmt: seine Opern finden sich bis heute auf den Spielplänen der Opernhäuser) scheint Kaiser Franz Joseph nicht die geringste Begabung für Musik gehabt zu haben, so soll er die Kaiserhymne nur daran erkannt haben, daß sich schon während der ersten Takte alle Anwesenden von ihren Plätzen erhoben.

Für die Zeichenkunst zeigte Kaiser Franz Joseph seit seiner Jugend ein wesentlich größeres Talent, wie verschiedene erhaltene Blätter – vorzugsweise Landschaften und Genrebilder – dokumentieren. Außerdem liebte er es, militärische Szenen und typische Volkscharaktere mit dem Zeichenstift festzuhalten. Im Alter von dreizehn Jahren machte er eine solche Sammlung seinem Erzieher, dem Grafen Timotheus Ledochowski, zum Geschenk. Als er mit sechzehn Jahren eine Reise durch Dalmatien unternahm, hielt er seine Eindrücke aus diesem Land mit dem Stift fest, die 1888 anläßlich seines vierzigjährigen Regierungsjubiläums bei der Wiener k.k. Hof- und Kunstdruckerei Reiffenstein & Uhl veröffentlicht wurden. Wie aus dem Vertrag mit dem Kunstverlag hervorgeht, scheint Kaiser Franz Joseph ein Förderer und Anhänger der in den vierziger Jahren des 19. Jahrhunderts noch jungen Kunst der Lithographie gewesen zu sein: »Daß Wien an der Spitze dieses Kunstzweiges war, mag wohl auch die damalige kaiserl. und königl. Hoheit, den jungen Erzherzog Franz Joseph, unseren jetzigen hochsinnigen und kunstbegeisterten Kaiser, veranlaßt haben, diese Kunst durch eigene Lithographien zu ehren . . . Zweiundvierzig Jahre ruhen diese für uns so werthvollen Steine unter besonderer Obhut in unserem Geschäfte, und jetzt zum vierzigjährigen Regierungs=Jubiläum Seiner Majestät wurde uns auf unsere allerunterthänigste Bitte Allerhöchst gestattet, diese Lithographien in einem Album vereinigt der Jubiläums=Ausstellung einzuverleiben, wo sie unzweifelhaft eines der interessantesten Ausstellungsobjecte bilden werden . . .« (Wien, 1888)

In den Appartements der Erzherzogin Sophie, der Mutter Franz Josephs, fanden für die kleinen Söhne Theateraufführungen, Kinderjausen, Kinderbälle und allerlei Spiele statt, zu denen junge Erzherzoge und ihre Freunde aus hochadeligen Familien geladen wurden. Die einzige Schwester Franz Josephs, Maria Anna, die 1835 geboren worden war, erlebte nicht viele dieser Kinderfeste, da sie 1840 im Alter von kaum viereinhalb Jahren verstarb.

Ein bunter Bericht über einen dieser Kinderbälle ist aus der Feder einer Hofdame der Prinzessin Amalie von Schweden (eine Tochter des Exkönigs Gustav IV. Adolf, dessen Familie sich nach dem Thronverlust Prinzen von Wasa nannte), Sophie Baronin von Scharnhorst erhalten: »Gestern war Kinderball bei der Erzherzogin Sophie, wo eben soviel Große [1] als Kinder tanzten. Der Kinderball war durch eine sehr komische Episode verherrlicht. Es entstand auf einmal in der Mazurka – wo der kleine siebenjährige blondlockige Lobkowitz[2] tanzte, Sohn von Leopoldine Lobkowitz, geborene Liechtenstein – ein großer, spiegelheller See, auf dem die Puppen hätten eine brillante Wasserfahrt machen können.

Der Kleine war gar nicht überrascht – desto mehr die Mittänzer und Zuschauer. Die Mutter des kleinen Verbrechers stürzte kokelrot auf ihr Kind und führte es zur großen Belustigung des schaulustigen Publikums quer durch die Mazurka hinaus ins Toilettezimmer, wo eine Manipulation mit Servietten den Kleinen instandsetzte, sich wieder zu zeigen und mit den anderen Knaben zu soupieren, eine Naivität, die die Mutter durch allgemeine Heiterkeit büßen mußte, denn die Herren sagten ihr manches ins Ohr, was sie einmal über das andere erröten ließ.« (Brief, März 1851)

[1] Franz Joseph und seine drei Brüder lagen altersmäßig weit auseinander. Der Kaiser war 1851 (aus welcher Zeit der Brief stammt) einundzwanzig Jahre alt und ein leidenschaftlicher Tänzer, sein jüngster Bruder Ludwig Viktor zählte neun Jahre.

[2] Vermutlich Ludwig Lobkowitz, der damals acht Jahre alt war und der mit fünfundzwanzig Jahren unverheiratet verstarb.

Zurück zum jungen Franz Joseph, der traditionsgemäß wie jeder Habsburger ein Handwerk erlernen mußte: Er hatte den Beruf des Buchbinders erwählt. Der Sinn dieser Ausbildung läßt sich auf die Geschichte zahlreicher Herrscher zurückführen, deren Regentschaft durch Umsturz geendet hatte. Daraus hatte man gelernt, daß eine Herrschaft bestenfalls ein Gottesgeschenk ist, daß man für ihre Beständigkeit aber keine Garantie erhalten konnte. Viele Staatsumwälzungen haben abgesetzte Regenten und deren Familien – so man sie am Leben gelassen hatte – ins finanzielle Elend gestürzt. Dem wollten die Habsburger entgegenwirken, indem alle männlichen Familienmitglieder Berufe erlernten, um im Notfall in ein bürgerliches Leben »einsteigen« zu können.

Der Buchbinder Franz Joseph zeigte allerdings wenig Interesse für das Produkt seiner Zunft – er hatte mit Lyrik, Prosa, Noten oder Libretti wenig im Sinn. Musikalisch ist er nur ein einziges Mal, im Bubenalter, hervorgetreten, als er sich während eines Diners in Reichenau vor den diensttuenden Kapellmeister aufstellte und dessen Handbewegungen nachahmte. Für Musik konnte er sich aber im Zusammenhang mit Militärparaden begeistern, zu welcher Vorliebe sich seit Kindesalter ein stark ausgeprägter Ordnungssinn gesellt hatte. So wie er die exakt ausgerichteten Reihen der (musizierenden) Soldaten bewunderte, genauso liebte er Ordnung auf dem Schreibtisch, im Familienleben und im Staatsbetrieb. Ihr widmete er sich mit dienender Hingabe, weshalb er Tausende Male lieber auf das Leben und die pulsierende Wirklichkeit verzichtete, als unerledigte Akten liegenzulassen.

Unter allen Künsten bevorzugte Kaiser Franz Joseph das Theater (seltene Operetten- und Opernbesuche miteingeschlossen), in seiner Kindheit hatte er sogar als Darsteller in von seiner Mutter arrangierten, familiären Theateraufführungen in den Räumen der Hofburg mitgewirkt. Der erwachsene Franz Joseph besuchte mit viel Leidenschaft professionelle Darbietungen, wobei ihm einige Stücke oder deren Darsteller so gut gefielen, daß er einige Vorstellungen sogar mehrmals ansah.

Im Herbst des Jahres 1894 war ein kleines Mädchen, Camilla Gerzhofer, in den vielbegehrten Status der Hofschauspielerin aufgenommen worden. Nach einer längeren Probezeit hatte sie einen fixen Vertrag als Kinderdarstellerin am kaiserlichen Burgtheater mit fünfundzwanzig Gulden Monatsgage, acht Wochen bezahlten Urlaubs und der Kostenvergütung für einen Fiaker zu allen Proben und Vorstellungen erhalten. Ihre Mutter, eine Offizierswitwe, hatte das Mädchen im Alter von zweieinhalb Jahren ans Burgtheater gebracht, wo sie der Komparsenchef Ferrari, dem auch die Besetzung der Kinderrollen oblag, spontan engagierte. Den Ausschlag dazu hatte ihr natürliches Auftreten vor dem erwachsenen Mann gegeben, der als einer der ersten ihrem Charme erlag.

Als sie während des »Vorstellungsgesprächs« auf ein großes Wandgemälde deutete, das Kaiser Franz Joseph im Krönungsornat darstellte, und Ferrari ganz offenherzig fragte, ob denn der Kaiser zu Hause auch immer eine Krone aufhabe, mußte er darüber so lachen, daß dem weiteren Erfolg des Mädchens – zumindest von seiner Seite her – nichts mehr im Wege stand.

Camilla Gerzhofer gab am Burgtheater Tells Sohn, das Kind Carl im Götz und Klein Eyolf in dem gleichnamigen, selten gespielten Stück von Ibsen. Es erzählt vom Schicksal eines gehbehinderten Knaben, der sich nur auf Krücken fortbewegen kann. Mit seiner Darstellung hatte man das begabte Mädchen betraut. Die Eltern Klein Eyolfs waren mit den damaligen Burgtheatergrößen Friedrich Mitterwurzer und Adele Sandrock besetzt.

Klein Eyolf geriet zu einem großen Publikumserfolg, und Kaiser Franz Joseph war von dem Spiel des Kindes so entzückt, daß er der Aufführung insgesamt siebenmal beiwohnte. Und es war vorwiegend die kleine Schauspielerin, die den Kaiser ins Theater lockte, denn er verließ stets nach dem ersten Akt, an dessen Ende das Kind verstirbt, seine Loge. Ein anderer Grund des frühen Aufbruchs mag auch die Angewohnheit des Kaisers gewesen sein, sich gegen neun Uhr abends ins Bett zu begeben, um den darauffolgenden Arbeitstag wie üblich um vier Uhr früh beginnen zu können. Die schon damals in der Gunst des Kaisers stehende Schauspielerin Katharina Schratt wurde anläßlich der großen künstlerischen Leistung des Kindes beauftragt, der Mutter des Mädchens die besten Empfehlungen zu übermitteln und in Erfahrung zu bringen, womit man der kleinen Darstellerin eine Freude bereiten könnte.

Die damals Siebenjährige wünschte sich nichts sehnlicher als eine Puppe, und so übergab Frau Schratt eines Tages dem Mädchen eine Pariser Puppe der Marke Bébé Jumeau, die ein besonderes Modell dieser berühmten Puppenherstellungsfirma war: eine Polichinelle, in deren Brust – von einer abnehmbaren Blechplatte verdeckt – ein Phonograph mit Schlüssel und Federantrieb eingebaut war, auf dem zwölf verschiedene besprochene oder besungene Hartgummirollen abgespielt werden konnten. Es waren durchwegs französische Kinderlieder, die von Yvette Guilbert, der von Toulouse-Lautrec verewigten Chansonette, vorgetragen wurden. Außerdem konnte Bébé ihre Puppenmutter auf französisch begrüßen, was – ins Deutsche übersetzt – etwa bedeutete: »Guten Tag, meine liebe, kleine Mama! Ich bin sehr gescheit, und Papa ist sehr zufrieden mit mir. Wir werden Guignol (ein französischer Kasperl) besuchen, um ihn singen zu hören. Pardauz, pardauz! Wer ist denn dort? Das ist Polichinelle, mein Fräulein. Pardauz, pardauz! Auf Wiedersehen, meine liebe, kleine Mama!«

Die Puppe war im Original mit einem rosa Ripsseidenkleid und einem unter dem Kinn gebundenen Bébéhut bekleidet. Prominente Firmen machten es sich in der Folge zur Aufgabe, diese von Kaiserhand überbrachte Puppe mit Kleidern, Wäsche, Schuhen und sogar mit Schmuck reich auszustatten, sodaß eine Ausfahrt der Puppenmutter mit Puppenkind jedesmal gewaltiges Aufsehen erregte. Die Puppe gelangte, wie alle Erinnerungsstücke der Camilla Gerzhofer, 1948 in die Theatersammlung der Wiener Nationalbibliothek. Vor ein paar Jahren wurde sie dort mit noch vollständig erhaltener Ausstattung wieder entdeckt.

4
»... Da legte der Monarch dann sofort die Gabel nieder«

Über das tägliche Arbeitsprogramm des Kaisers

Das Tagesprogramm Kaiser Franz Josephs verlief mit der Genauigkeit einer militärischen Übung. Der Leibkammerdiener hatte um vier Uhr früh das »allerhöchste« Schlafzimmer zu betreten, ihn mit der Floskel »Lege mich Eurer Majestät zu Füßen!« zu begrüßen und ihm danach beim Anziehen behilflich zu sein. Nach der Morgentoilette begab sich der Monarch in sein Arbeitszimmer an den Schreibtisch. Er bearbeitete dort stundenlang alle Eingänge, die ihm, in »Schönschrift« und ohne jede Korrektur, vorgelegt worden waren. Maschingeschriebene Eingaben lehnte er grundsätzlich ab. Diese Eigenart läßt sich auf die Verachtung des Kaisers den meisten neueren technischen Errungenschaften gegenüber zurückführen. Obwohl man bei der Schreibmaschine im 19. Jahrhundert auch nicht mehr von neuer Erfindung sprechen konnte, weil an dem Buchstabendrucksystem seit dem 17. Jahrhundert gearbeitet wurde und 1872 schon eine von Thomas Alva Edison entwickelte elektrische Schreibmaschine auf dem Markt war.

Zurück zum Kaiser, dem der Leibkammerdiener um

fünf Uhr das erste Frühstück servierte, das aus Kaffee, Butter, Gebäck und – mit Ausnahme von Freitagen und anderen Fasttagen – aus Schinken bestand. Zum persönlichen Dienst des Kaisers waren jeweils drei Personen abgestellt: ein Leibkammerdiener für die persönliche Bedienung und Garderobe, vor allem aber zur Wartung der fünfzig verschiedenen Uniformen einschließlich des Zubehörs; ein Kammertürhüter, der für die Ordnung am Schreibtisch des Monarchen zu sorgen hatte; und ein Hausdiener, der für die Heizung und kleinere Verrichtungen zuständig war. In Schönbrunn war jahrelang die Kammerfrau Friedl mit der Aufgabe betraut, alles für die Toilette des Kaisers Notwendige vorzubereiten.

Nach dem Frühstück empfing Kaiser Franz Joseph, mit einem leichten, graublauen Militärmantel, dem sogenannten »Bonjourl«, bekleidet, den Vorstand der Militärkanzlei. Ihm folgten der Kabinettsdirektor, der Zweite Generaladjutant und schließlich der Erste Generaladjutant, General der Kavallerie, welchen Dienst jahrelang Eduard Graf Paar innehatte.

Allmorgendlich um sieben Uhr überprüfte der jeweilige Leibarzt des Kaisers, zuerst Dr. Widerhofer, später Hofrat Dr. Kerzl, in Frack und mit weißer Krawatte, den Gesundheitszustand des Monarchen. Dr. Kerzl hatte zu seinem hohen Patienten ein besonders herzliches Verhältnis und wurde von ihm sogar oft zu Tarockpartien gebeten.

An Audienztagen empfing der Kaiser bis zu hundert Parteien. Auf einem Stehpult lag die dafür vorbereitete Audienzliste, die den Namen des Bittstellers und

1 Kaiser Franz Joseph als Zuschauer eines Pferderennens in Pesth 1896

2 Kaiser Franz Joseph im Kreis seiner Brüder (Ferdinand) Max (rechts), Karl Ludwig (links) und Ludwig Viktor (zweiter von links)

3 Obersthofmeister Fürst Montenuovo

4 Leibkammerdiener Eugen Ketterl am Arbeitstisch Kaiser Franz Josephs

5 Ecke im kleinen Arbeitszimmer in Schloß Schönbrunn mit zahlreichen Fotos und Porträts der Familienmitglieder

6 Kaiser Franz Joseph in Zivilkleidung anläßlich eines Aufenthalts in Tegernsee 1892

7 Der Kaiser mit seiner Enkelin Ella an der Brüstung der Ischler Villa im ersten Stock (Sommer 1900)

8 Kaiser Franz Joseph (links hinter vier seiner Enkel), sitzend seine Tochter Marie Valerie. In der zweiten Reihe rechts vom Kaiser der bayrische Enkel Georg, daneben Elisabeth (die Tochter des Kronprinzen Rudolf), Erzherzog Ludwig Viktor (der jüngste Bruder des Kaisers), Erzherzogin Gisela, die älteste Tochter des Kaisers, und ihr Gemahl Prinz Leopold von Bayern

den Grund des Erscheinens anführte. Der erfolgreiche Abschluß der Audienz wurde mit einem Rotstiftstrich durch den Namen bestätigt.

Vor der Mittagsstunde wurde ein kleiner Tisch ins Arbeitszimmer getragen, an dem der Kaiser sein zweites Frühstück einnahm. Das einfache Mahl bestand meist aus Suppe, dünngeschnittenem Rindfleisch, Beefsteak oder Geflügel mit Gemüse und einem Glas Spaten-Bier. Wenn wenig Freizeit zu erübrigen war, nahm der Kaiser das Essen am Schreibtisch zu sich, wo es in der Mitte – zwischen den rechts abgelegten erledigten und den links sich stapelnden unerledigten Akten – postiert wurde. »Rücksichtslos, wie man oft dem Kaiser gegenüber war, ließ die Kabinettskanzlei gerade zu dieser Stunde des öftern Minister mit ›dringlichen‹ Berichten vor. Da legte der Monarch dann sofort die Gabel nieder und ich mußte das Tablett – die Speisen waren manchmal noch kaum berührt – sofort hinaustragen.« (Ketterl, S. 27)

Punkt zwölf Uhr mittags fand die Ablöse der Burgwache statt, wobei die neue Kompanie mit Militärmusik, dem sogenannten »Burgmurrer«, in den Burghof, der damals noch nach der ihn schmückenden Kaiserstatue Franzensplatz hieß, einzog. Oft trat der Kaiser auf den Balkon des Reichskanzleitraktes, um den ordnungsgemäßen Ablauf der Wachablöse zu überprüfen.

Das Diner wurde in Schönbrunn oder in der Hofburg meist im engen Familienkreis oder »à la camera« (d. h. allein) zwischen fünf und sechs Uhr abends eingenommen und unterschied sich in nichts vom schlichten bürgerlichen Nachtmahl. Wenn es durch einen kleinen Luxus aus der Menge der übrigen Diners herausragte, bot das den am Essen Beteiligten sofort eine Diskussionsgrundlage, um die Ursache dafür herauszufinden:

»An diesem Tage speiste ich mit der Kaiserin und Valérie allein und war sehr erstaunt, Champagnergläser auf dem Tisch zu sehen, da wir uns gewöhnlich den Luxus dieses Weins nicht gönnen. Die Kaiserin klärte mich auf, daß sie den Champagner bestellt habe, damit wir auf Ihr Wohl (das der Katharina Schratt, die an diesem Tag in Wien ihren Namenstag feierte, während sich das Kaiserpaar in Gödöllö aufhielt) trinken können, was denn auch in der herzlichsten Weise geschah. Das war eine gelungene und hübsche Überraschung.« (Brief Kaiser Franz Josephs an Katharina Schratt, 19.11.1887)

Bis zum Jahr 1904 ließ sich der Kaiser in den Sommermonaten allabendlich aus der Hofburg nach Schönbrunn führen, wobei der Zeitpunkt des Umzugs allein vom Wetter abhängig gemacht wurde. »In meinen hiesigen Zimmern (in der Hofburg) ist es unter Tags schon heiß, daß ich meinen Umzug nach Schönbrunn für den 14. (April) Abend bestimmt habe.« (Brief Kaiser Franz Josephs an seine Gemahlin, 6.4.1894) Ab dem Jahr 1904 wohnte der Kaiser in Wien nur noch in Schloß Schönbrunn, wobei er seinen Dienst aber auch manchmal in der Hofburg ableistete. Die Burg wurde acht Uhr abends von allen Seiten abgesperrt, und wenn der Kaiser in ihr die Nacht verbrachte, stellte man das Schlagwerk der astronomischen Uhr im Amalientrakt bis zum ›Lever‹ um vier Uhr früh ab.

Als besonders familienbezogener Mensch liebte der Kaiser es, sich an seinem Arbeitsplatz mit Porträts und Fotos der Gemahlin, der Eltern, Geschwister, Kinder und Enkel zu umgeben. Hinter dem Schreibtisch der Wiener Hofburg – in Blickrichtung des Kaisers – befand sich das Lieblingsgemälde Kaiser Franz Josephs, das Porträt der Kaiserin Elisabeth mit offenem Haar und in Morgentoilette, das der Kaiser- und Königsmaler Franz Xaver Winterhalter geschaffen hatte, der damals auch an den beiden offiziellen Standporträts des Kaiserpaars arbeitete. Der Künstler, der zum Zeitpunkt des Auftrags schon am Höhepunkt seiner künstlerischen Laufbahn angelangt war, scheint kein sehr einfacher Charakter gewesen zu sein, wie aus einem Brief Kaiser Franz Josephs an seine Mutter hervorgeht: ». . . Später nahmen mir die Sitzungen bei Winterhalter mehr als meine freie Zeit, doch mit großem Erfolge, denn das Porträt ist außerordentlich geworden. Auch die zwei Bilder, die er von Sisi machte, sind ganz scharmant geworden und sind die ersten ähnlichen Porträts von ihr . . . (bald soll Winterhalter) nach Stuttgart, um die dortigen Majestäten zu malen, daher Sie, liebe Mama, sehr bald kommen müßten (von einem Kuraufenthalt im Schwarzwald), wenn Sie sich noch von ihm wollen malen lassen. Er ist nämlich ein sonderbarer Mann, mit dem man nicht disponieren kann und der eigentlich nur tut, was er will. Er würde daher kaum unbeschäftigt hier warten, umsomehr man ihn in Stuttgart erwartet.« (Schönbrunn, 1.11.1864)

Auf allen Schreibtischen des Kaisers – in der Hofburg, in Schönbrunn, in Budapest, in Gödöllö und in

Bad Ischl – befanden sich Schreibzeug, Streusand und hinter dem Stehkalender ein kleines Bürstchen und ein roter Hühnerfeder-Abstaubwedel, um Streusand und Asche vom Tisch sofort wegfegen zu können. Der Kaiser litt – wie früher erwähnt – unter einem besonders stark ausgeprägten Ordnungssinn und Sauberkeitsdrang, die ihn dazu veranlaßten, den Schreibtisch mehrere Male am Tag zu reinigen.

Porträts und Fotos der Familienmitglieder schmückten auch die Wände des kaiserlichen Schlafzimmers, in dem das spartanisch einfache eiserne Bett dominierte (Daß dieses Liegemöbel immer aus Eisen zu sein hatte, war auf einen Unfall in Zircz in Ungarn zurückzuführen, wo einmal ein hölzernes Bett unter dem Kaiser zusammengebrochen war). Neben dem Bett befand sich der Betschemel mit einem Christusbild. Im Schlafgemach bewahrte der Kaiser auch sorgsam alle kleinen Liebeszeichen der Töchter und Enkelinnen auf: selbstbestickte Kissen und Deckchen sowie Rahmen mit gepreßten Alpenblumen. Die Rückenlehne eines jeden Fauteuils zierte ein Spitzendeckchen, Häkelarbeiten seiner Lieben, und zu Füßen des Toilettetisches in der Hofburg lag ein dunkles, mit Flachnadelmalerei besticktes Fußkissen aus Samt.

In späteren Lebensjahren erlaubte der kaiserliche Großvater den zahlreichen Kindern seiner Tochter Marie Valerie sogar, in seinem Arbeitszimmer zu spielen. »Vor meiner Abreise von dort (Schloß Schönbrunn) waren noch Franz und Valérie mit 5 Kindern bei mir. Theodor (ein Enkel) brachte mir schöne, gelbe, selbstgepflückte Primeln aus dem Thiergarten. Er war sehr lustig und erfreut, meine Zimmer genauestens besichtigen zu können. Natürlich unterhielten sich die Kinder wieder mit IHREN Lieblings Spielsachen, dem elektrischen Cigarren Anzünder und der gewißen alten Bürste (beides Gegenstände, die sich auf dem Schreibtisch befanden).« (Brief Kaiser Franz Josephs an Katharina Schratt aus Ungarn, 5.2.1903) Es geschah nicht selten, daß der Kaiser Arbeitspapiere oder Briefumschläge vom Schreibtisch an die Enkel weiterreichte, die sie mit ihren kindlichen »Buntstiftvermerken« versahen. Ein von der Militärkanzlei an den Kaiser gerichtetes (im Haus-, Hof- und Staatsarchiv noch erhaltenes) Kuvert wurde vom Kaiser »arbeitsgerecht« vorbereitet, das die Enkel mit einer kunstvollen Zeichnung versahen.

Allmorgendlich wurde dem Kaiser eine ganz besondere Tageszeitung übergeben, die zwar täglich in Wien gedruckt wurde, aber nur in drei Exemplaren erschien. Einziger Abonnent war der Kaiser. Diese Zeitung enthielt gesammelte Auszüge der täglich wichtigsten Artikel aller national und international erscheinenden Blätter. Mit der Auswahl und Übersetzung der Artikel war eine eigene Hofkanzlei betraut, die über einen Stab verläßlicher Fachleute verfügte. Die Zeitung wurde in der k.k. Hof- und Staatsdruckerei hergestellt. Die beiden anderen Exemplare gingen an den diensttuenden Generaladjutanten und zur Verwahrung in das kaiserliche Archiv.

5
Punkt vier Uhr früh sauber, rasiert und in voller Adjustierung zum Dienst

Der tägliche Dienst des kaiserlichen Personals

Jeden Morgen punkt halb vier Uhr – kaiserliche Gesundheit vorausgesetzt – weckte Leibkammerdiener Eugen Ketterl seinen Herrn mit einem sanften Morgengruß, woraufhin sich der Kaiser nach dem Wetter zu erkundigen pflegte. Nach ihm trat der »Badwaschler« mit der Gummibadewanne und einer Badedecke im Schlafgemach des Kaisers seinen Dienst an. Die Kautschukbadewanne, ein Erzeugnis der Firma Reithoffer[1], war faltbar und wurde nach Gebrauch auf einer Hintertreppe der kaiserlichen Appartements zum Trocknen aufgelegt.

Der Bademeister des Kaisers hieß Koch. 1949 veröffentlichte er als 75jähriger Mann seine Erinnerungen als Leibmasseur und Frotteur im Dienste des Kaisers. Er bewohnte mit seiner Familie am Hofratsgang im Reichskanzleitrakt der Hofburg eine Dienstwohnung direkt oberhalb der privaten Räume des Monarchen.

[1] Johann Nepomuk Reithoffer (1781–1872), ein mährischer Fabrikant und Erfinder, führte in Österreich Kautschukprodukte ein.

Er begleitete den Kaiser zwanzig Jahre lang auf allen Reisen. In Schönbrunn bewohnte Koch ein Zimmer neben dem Schlafzimmer des Herrschers. Täglich punkt vier Uhr früh hatte sich Koch »sauber und rasiert« und in voller Adjustierung zum Dienst einzufinden. Zunächst rieb er den kaiserlichen Körper mit lauwarmem Wasser ab. Nach einer gründlichen Massage vom Kopf bis zu den Füßen duschte er ihn kalt und frottierte ihn.

Für die Reisen mit dem Kaiser hatte Koch ein »ambulantes« Badezimmer zusammengestellt, das aus einer ebenfalls zusammenlegbaren Kautschukbadewanne, einem Duschensemble, einer kleinen Wanne zum Füßewaschen, etlichen Badeschwämmen und Frottiertüchern bestand. Bei Jagden, nach langen Ritten und auch während der Manöver mußte sich der Leibmasseur mit seinem Reisebadezimmer stets zur Verfügung halten. Koch, der sich rühmte, jeden Muskel des Kaisers »persönlich zu kennen«, stand bei seinem Herrn in hoher Gunst.

Dr. Kerzl, der Leibarzt des Kaisers, war Koch im Beatrixbad (es befand sich Ecke Münzgasse-Linke Bahngasse, nahe der Beatrixgasse im dritten Wiener Gemeindebezirk) begegnet, wo er auf den tüchtigen Mann aufmerksam wurde, mit ihm Kontakt aufnahm und ihn weiter ausbilden ließ. Koch »übte« zunächst an verschiedenen Patienten seines Förderers Kerzl, bis dieser ihn eines Tages dem Kaiser als Leibmasseur vorschlug. Koch, der damals knapp vor seiner Verheiratung stand, zeigte sich hocherfreut darüber, und das junge Paar erhielt per Einstellungsdatum auch eine Dienstwohnung in den Räumen der Hofburg. Der Kaiser sorgte persönlich für das Wohlergehen der Familie, die bald von Kindern belebt wurde, und er zeichnete den Leibmasseur – hochzufrieden über dessen Künste – mit zahlreichen Diplomen und Medaillen aus. Koch stand bis zur letzten Lebensstunde im Dienste Kaiser Franz Josephs.

Als der verdienstvolle Mann während des Ersten Weltkriegs an einer längeren Krankheit laborierte, mußte ein Ersatzmann für ihn gefunden werden. Der neue Masseur entpuppte sich jedoch als fröhlicher Alkoholiker, der den Dienst mitunter so betrunken antrat, daß er sich am betagten, in der Badewanne stehenden Kaiser festhalten mußte, um nicht der Länge nach auszugleiten.

Im Auftrag des Kaisers wurde er wegen dieser Vorfälle von Dr. Kerzl zur Rede gestellt, dem er den Hauptgrund seines Problems anvertraute: Als ungeübter Frühaufsteher hielt er sich lieber bis zum Dienstantritt in den Morgenstunden wach, was er, um nicht einzuschlafen, durch Einnehmen von Schnaps (als Muntermacher) bewerkstelligte.

Dem Bademeister folgte allmorgendlich der Friseur, ab dem Jahr 1902 Josef Sennhofer, der die kaiserliche Toilette vervollständigte. Im Jahr 1949 veröffentlichte der dreiundsiebzigjährige Friseurmeister seine Erinnerungen an den kaiserlichen Dienst. Er besaß damals einen Friseurladen in der Habsburgergasse in der Wiener Innenstadt, nahe dem zur Michaeler-Kirche gehörigen Barnabitenkloster. Das Geschäft, ein gut eingeführter, bekannter Laden, war übersät mit Fotografien von Staatsmännern sowie mit Aquarellen von Schlössern und Kupferstichen mit den Porträts Kaiser Franz Josephs und der Kaiserin Elisabeth.

»Es war im Jahre 1902 – sechsundzwanzig Jahre war ich (der Friseur Sennhofer) damals –, als ich Kaiser Franz Joseph zum ersten Mal bediente. Er war mit mir zufrieden, und ich wurde daraufhin Kammerfriseur. In Schönbrunn hatte ich ein (eigenes) Zimmer, und mein Dienst begann täglich um halb sechs Uhr früh. Nach der vorgeschriebenen Etikette mußte ich bei jeder Morgenvisite meinen Frack anziehen. Gab der Kaiser einen Empfang, so mußte ich ihn zweimal täglich rasieren, am Nachmittag oder abends nochmals. Auf Reisen rief er mich nicht so früh am Morgen zu sich. Ich begleitete ihn nach Ungarn und mußte auch in Ischl immer um ihn sein. Meist pflegte er sich während des Rasierens und des Bartstutzens mit mir über Ereignisse des Tages zu unterhalten, denn er wollte über die Meinung des Volkes unterrichtet sein und verlangte von mir volle Wahrheit . . . Während der Unruhen im Herbst 1911 kam ich um sechs Uhr abends nach Schönbrunn, und der Kaiser fragte mich, was in Ottakring los sei, warum man dort die Soldaten zu attackieren versuche. Ich antwortete: Majestät, das Volk ist aufgebracht, weil Brot und Fleisch so teuer werden! – Der Kaiser darauf: Es ist Sache der Regierung, der Bevölkerung zu dienen, daß es nicht zu solchen Ausschreitungen kommen kann.«

Weiters erinnert sich Sennhofer: »Zu Kriegsbeginn war ich beim Kaiser in Ischl. Eines Tages – ich hatte ihn eben bedient – erhielt ich die telegraphische Einberufung zum Militär. Erzherzog Karl fragte mich bestürzt:

Wer wird nun den Kaiser rasieren? Als ich am nächsten Tag bei meinem Regiment in Wien eintraf, erhielt ich eine Depesche, daß ich den Kaiser weiterhin zu bedienen habe und ... (danach) in der Kaserne am Militärdienst teilnehmen müsse. Ich ging nun täglich in Uniform nach Schönbrunn, zog dort den Frack an, rasierte den Kaiser und kehrte wieder in die Kaserne zurück. Am Sterbetag des Kaisers, den 21. November 1916, rasierte ich um sechs Uhr früh zum allerletzten Mal meinen Herrn.

Nach dem Tode des Kaisers kamen viele Staatsmänner der Ersten Republik in meinen Friseurladen, und manche meiner Kundschaften habe ich mir bis heute erhalten können. Dort in der Vitrine liegen das Rasiermesser, die Schere und die kleine Haarschneidemaschine, mit der ich vierzehn Jahre lang zum Kaiser gegangen bin. Ich habe sie seither nicht mehr benutzt.«

Aus dem Jahr 1862, also aus der Zeit vor Sennhofer, stammt die kuriose Meldung, daß der traditionelle Kaiser-Bart ›gefallen‹ war. Kaiser Franz Joseph hatte sich am 13. Juli 1862 nach Possenhofen in Bayern begeben, wo sich seine Gemahlin Elisabeth nach einer Kur in Bad Kissingen im Kreis ihrer Familie aufhielt. Und dort hatte er, dem Wunsch seiner Gemahlin entgegenkommend, den Backenbart wegrasieren lassen. »Personen, welche Seine Majestät seit seiner Rückkehr aus Possenhofen gesehen haben, machten die Bemerkung, das Allerhöchst derselbe seinen Backenbart abrasiert hat und nur mehr einen Schnurrbart trägt. Wie man uns aus Possenhofen schreibt, fiel des Kaisers Bart aus galanter Zärtlichkeit für die Kaiserin. Ihre Majestät ließ nämlich die Bemerkung fallen, daß der Kaiser früher, bevor er den Backenbart getragen habe, jugendlicher und munterer ausgesehen habe.« (Morgenpost, 29. Juli 1862)

Um fortan alle Einmischungen in seine Privatsphäre zu unterbinden, ließ Kaiser Franz Joseph von da ab nicht nur wieder den Backenbart, sondern auch den durch ihn in Mode gekommenen sogenannten »Kaiserbart« wachsen, den er in dieser Form bis an das Ende seiner Tage beibehielt.

Modische Einflüsse oder Korrekturen seines Haares – zum Beispiel durch Färbung – lehnte Kaiser Franz Joseph entschieden ab, ebenso verwendete er keine Klebemittel zur Versteifung der Schnurrbart-Spitzen (was damals allgemein üblich war, und wie sie der deutsche Kaiser Wilhelm zum Aufzwirbeln benutzte).

6
»Man sollte nicht glauben, daß weder in der Hofburg, noch in Schönbrunn ... ein Badezimmer vorhanden war«

Von den Gegenständen und Einrichtungen des täglichen Lebens

Die Leibkammerdiener des Kaisers – Ketterl, Payerl, Pachmayer, Hoschtalek, Zurowetz, Spannbauer, Egger und Zens – haben in den Jahren ihres Dienstes alle Dinge des täglichen Gebrauchs und ihre Preise sowie die persönlichen Notwendigkeiten des Kaisers in dafür vorgesehenen Dienstbüchern festgehalten, aus denen man zum Beispiel ersehen kann, daß der Friseur Sennhofer für das tägliche Rasieren 29 Kronen erhielt. Das Abziehen (Schärfen) des Rasiermessers wurde gesondert verrechnet.

Neben Sennhofer war ab dem Jahr 1907 auch ein anderer Friseur für den Kaiser tätig. Er hieß Kussmann und war täglich um 5 Uhr morgens zur »Allerhöchsten Dienstleistung« befohlen. Er belieferte den Kaiser mit Tiegeln kosmetischer Crèmes, mit Brillantine-Haaröl, manchmal auch mit einer neuen Kopfbürste oder einer kleinen Bartbürste. Laut Eintragungen im Anschaffungsbuch erhielt er für das tägliche Rasieren und Frisieren des Kaisers achtundzwanzig Kronen.

In seinen beiden letzten Lebensjahren litt Kaiser Franz Joseph an Hühneraugen, weshalb fallweise der Hühneraugenoperateur Fabrizy erschien. Für jeden Besuch zahlte man ihm dreißig Kronen.

Der Kaiser war in allem überaus sparsam und konnte sich selbst von einem alten, ausramponierten Rasierpinsel nicht ohne weiteres trennen: Also wurde die Silberwarenfirma Klinkosch immer beauftragt, neue Pinselhaare in die alte Fassung einzusetzen. Als ein anderes Mal Henkel und Bierkrug des Kaisers ihre lange, gemeinsame Verbindung lösten, ließ man sie durch vorerwähnte Firma wieder kitten.

Des Kaisers Sparsamkeit als Beamter ging soweit, daß er die leergebliebenen Abschnitte der bearbeiteten Berichte und Aktenstücke sorgfältig abtrennte und verwahrte, um sie als Vorlagen für Telegrammformulare oder für Anweisungen an das Hofpersonal weiterzuverwenden. Großzügig und freigiebig erwies er sich allerdings beim Begleichen der Schulden der Kaiserin und aller anderen Verwandten des Erzhauses sowie in späteren Lebensjahren beim Versuch, die katastrophalen finanziellen Verhältnisse der Familie Kiss-Schratt in den Griff zu bekommen.

Alles, was der Kaiser für die tägliche Toilette benötigte – Zahnpulver, Zahnbürsten, die Williams-Rasierseife, Eau de Cologne, Toilettewasser, Parfums, Gesichtsschwämme, Badeschwämme, Zungenschaber, kurzum alle Artikel der Gesundheit und Körperpflege –, lieferte die k.k. Hofapotheke in der Stallburg. Außerdem bezog man von dort auch das Biliner, das Gleichenberger und das Gießhübler Mineralwasser in

Flaschen, Veilchenpulver oder Edeltannenduft für die Garderobenräume, die man mittels Zerstäuber versprühte, und Chloroform gegen die Mottenplage in den Uniformkästen.

Je älter der Kaiser wurde, desto öfter benötigte er Brillen und Zwicker zur Korrektur der Weitsichtigkeit. Bei der Jagd verwendete er ein horngefaßtes Modell. Der Optiker Waldstein fertigte für den Kaiser die Schildkrotzwicker, früher Pincenez (»Nasenzwicker«) genannt, einschließlich der passenden Futteral-Täschchen an. An den Zwickern war eine schwarz-gelbe Schnur befestigt, um das Glas bei Nichtgebrauch vor dem Hinunterfallen zu sichern.

In den Dienstbüchern der Leibkammerdiener wurde, wahrscheinlich auf Anordnung des kaiserlichen Leibarztes, regelmäßig das Gewicht Kaiser Franz Josephs festgehalten. Er konnte während seines ganzen Lebens eine schlanke Figur halten, und wie man aus den Aufzeichnungen ersieht, lag sein Gewicht in den Jahren 1907 bis 1914 immer bei etwa 62 Kilogramm. In den beiden letzten Lebensjahren sank sein Körpergewicht ständig, da ihm eine chronische Bronchitis die Essenslust nahm. Zehn Tage vor seinem Tod wog er nur noch 56 Kilogramm.

Zum Vergleich eine kuriose Zeitungsmeldung vom 28. Oktober 1900: »Kaiser Franz Joseph (er hatte damals sein 70. Lebensjahr vollendet) wiegt 70 kg, Königin Victoria von England wog 95 kg, Carlos von Portugal 92 kg, Ferdinand von Bulgarien 87,5 kg und Carmen Sylva, Königin von Rumänien, wiegt 82 kg.« Leider wurden in dem Artikel die Körpergrößen nicht mitnotiert, sodaß ein Vergleich der Körperfüllen nicht angestellt werden kann. Erwähnenswert in dem Zusammenhang wäre aber noch, daß das Durchschnittsgewicht der Damen das der Männer um 5,4 kg überschritt.

Wie war es nun während der Regentschaft Kaiser Franz Josephs um die sanitären und hygienischen Verhältnisse in der Hofburg bestellt? Keineswegs zum besten, nicht einmal einem besseren Durchschnitt entsprechend. Die Hofburg hatte bis ins 19. Jahrhundert ziemlich unverändert ihre mittelalterliche Ausstattung beibehalten. Um die Einrichtung von Klosettanlagen oder Badezimmern sorgte sich niemand: was sicherlich weniger mit der Notwendigkeit der Installationen oder dem Wunsch einzelner Personen in Zusammenhang zu bringen ist, als mit der Tatsache, daß in einer sich betont puritanisch gebenden Zeit die Auseinandersetzung mit Körperausscheidungen jeder Art und deren Beseitigung ein sprichwörtliches Tabu darstellte.

Als Eugen Ketterl 1894 seinen Dienst beim Kaiser antrat, war er über die sanitären Verhältnisse in den Kaiserappartements entsetzt: »Man sollte es zum Beispiel nicht glauben, daß weder in der Hofburg, noch in Schönbrunn, noch in Ischl ein Badezimmer vorhanden war. Besonders der Waschtisch Seiner Majestät in Schönbrunn, ein hölzernes, aufklappbares Möbel mit viel zu geringem Fassungsvermögen, an dessen Kanten und Ecken sich der Monarch überall blaue Flecke holte, war fürchterlich primitiv. Da sich aber Seine Majestät aus Sparsamkeitsgründen gegen die Anschaffung eines neuen Waschtisches wehrte, nahm ich zu einer

Notlüge meine Zuflucht und sagte, ich hätte in einem entlegenen Raum des Schönbrunner Schlosses einen englischen schönen Waschtisch entdeckt, der für Seiner Majestät Schlafzimmer geeignet wäre . . . und erst jetzt gestattete der Kaiser den Austausch. Auf das hin schaffte ich bei Wahliß einen hübschen, offenen Waschtisch an; die List war gelungen und der Kaiser von Österreich hatte einen ordentlichen Waschtisch.« (Ketterl, S. 22)

Die Geschichte des »Unaussprechlichen« weist darauf hin, daß auf den mittelalterlichen Burgen ein Vorraum mit einem Sitz und einer nach außen mündenden Fallröhre, ein ausgemauertes Loch im Fußboden oder ein Abtritt-Erker dem Zweck der Beseitigung von Exkrementen dienten. Die Burg Eltz in Deutschland besaß vierzehn solcher Erker. Während des Reichstags des Jahres 1183 in Frankfurt stürzte der Saalboden ein, und acht Fürsten sowie mehr als einhundert Ritter, die unter dem Vorsitz Kaiser Friedrichs I. berieten, stürzten in eine darunter befindliche Sammelkloake. In Schloß Persenbeug in Niederösterreich war es im Jahr 1045 zu einem ähnlichen Vorfall gekommen.

Schon 1750 waren in Frankreich die ersten Wasserklosetts aufgekommen, die man »lieu à l'anglaise« (Ort auf die englische Art) nannte, was den Rückschluß zuläßt, daß die Einrichtung in England noch früher als in Frankreich bekannt gewesen war. Obwohl man die Erfindung an die Öffentlichkeit gebracht hatte, wurde sie erst gegen Ende des 19. Jahrhunderts in städtischen Bereichen eingeführt und gebräuchlich (in ländlichen Regionen hielten sich die verschiedenen Formen des

»Plumpsklos« sogar bis weit hinein ins 20. Jahrhundert). Bis Ende des 19. Jahrhunderts verrichtete man seine Notdurft hauptsächlich auf dem Leibstuhl oder Nachttopf, der – letzterer – in feineren Kreisen »pot de chambre« (Zimmertopf) genannt wurde und aus Holz, Keramik, Eisen oder aus kunstvoll bemaltem Porzellan angefertigt war. Während des Barock war es üblich gewesen, die »Geschäfte« in Gesellschaft zu verrichten – auch der König von Frankreich tat das, und es stellte den Höflingen eine Ehre dar, die königlichen Exkremente in die dafür vorgesehene Lagerstätte, die sich meist außerhalb des Schlosses befand, zu befördern. Auf dem Weg dorthin hatte jeder, der auf den für den Dienst Auserwählten traf, dem Topf mit königlichem Inhalt durch einen Kniefall die Reverenz zu erweisen. Im barocken Frankreich, wo die Kirchenbänke bei Predigten des Père Bourdalou schon Stunden vor Beginn einer Messe besetzt waren, hielt sich auch lange Zeit der Brauch, eine »vase du jour« (Vase für den Tagesgebrauch) im Mantel mitzuführen. Die Notdurft verrichtete man an Ort und Stelle, um den schwer errungenen Sitzplatz nicht aufgeben zu müssen. Der »pot de chambre« – im Volksmund hielt sich in unseren Breiten bis in die jüngste Zeit der an die französische Bezeichnung angelehnte Begriff des »Potschampers« – avancierte in Frankreich zur höheren Ehre des beliebten, stundenlang sprechenden Predigers zum »Bourdalou«. Neben dem Nachttopf hatte sich im 16. Jahrhundert in höheren Gesellschaftsschichten der Gebrauch des Leibstuhls eingeführt, der noch in Zeiten Kaiser Franz Josephs von den Lakaien öffentlich herumgetragen wurde. Die exklusivsten Stücke des Kaiserhauses waren aus Mahagoniholz gefertigt, mit Messinggriffen versehen und innen mit Porzellan ausgekleidet. Später baute man sogar eine kleine Wasserspülung ein. Daneben blieben aber auch die kaiserlichen Nachttöpfe in Verwendung, die – der Umgebung entsprechend – mit Goldrand und goldenem Kaiserwappen ausgestattet waren. Badezimmer und Toilette für den Kaiser wurden erst gegen Ende des 19. Jahrhunderts eingerichtet. Seine Gemahlin Elisabeth verfügte schon viel früher, bald nach ihrem Einzug in die Hofburg, über modern ausgestattete Sanitäranlagen. Ihrem Wunsch entsprechend wurden in den von ihr bewohnten Appartements, neben den Garderoberäumen gelegen, ein Badezimmer und ein eigenes englisches Klosett mit Wasserspülung eingebaut. Auf demselben »Luxus« bestand Kronprinzessin Stefanie, die Gemahlin des Kronprinzen Rudolf, und ließ in ihrer Wohnung ebensolche Toiletteräume einrichten.

Sehr viel später als die Damen erhielt auch Kaiser Franz Joseph ein modernes Klosett. Aus seinem Schlafzimmer gelangte man durch eine Doppeltüre in einen schmalen Raum, in dem sich bis dahin der Leibstuhl befunden hatte. Dorthinein wurde jetzt die neue Toilette mit Wasserspülung verlegt. Als kaiserliches Kuriosum kann der auf dem Gang neben diesem Raum befindliche Telefonapparat angeführt werden, den der den meisten technischen Neuerungen gegenüber abgeneigte Kaiser lange Zeit nicht benützen sollte. Im Zusammenhang mit der Nachbarschaft dieser beiden Einrichtungen ist in den Erinnerungen Eugen Ketterls ein amüsanter Zwischenfall überliefert: »Der Kaiser weilte einmal in dem ›abgetrennten Raum‹, als das gegenüber angebrachte Telephon läutete. Was wird er jetzt machen? dachte ich mir vor der Türe. ›Warten!‹ rief Seine Majestät. Es läutete abermals. ›Warten!‹ donnerte der Kaiser, als ob der Anrufende die Worte am anderen Ende des Drahtes hören könnte. Aber das rücksichtslose Telephon läutete ein drittesmal, und verzweifelt rief nun der Kaiser: ›Ketterl, Ketterl, da will einer reden, schaun'S, wer das ist!‹ – Es war nur der Leibkutscher Walter, der sich den Befehl holen wollte, ob er den offenen oder den geschlossenen Wagen zur Ausfahrt nehmen sollte, da das Wetter unsicher sei . . . So trieb ein Kutscher sogar den Kaiser von Österreich zur Eile an.« (Ketterl, S. 23)

Die vielkolportierte Meinung, der Kaiser hätte nur ein einziges Mal in seinem Leben telefoniert, widerlegt der Monarch in einem Brief selbst. »Schuld« am Griff zum Hörer war – wie in vielen anderen Fällen, wo neue Erfindungen doch zum täglichen Gebrauch führten – Katharina Schratt, um die sich der Kaiser sorgte, als sie sich nach einer gegen sie gesponnenen Intrige nicht wohl fühlte und deshalb für einen Kuraufenthalt auf dem Semmering weilte. »Daß Sie schlecht schlafen, kann auch von der scharfen Gebirgsluft kommen, denn ich weis (sic) viele Leute, die am Semmering und auf ähnlichen Höhen nicht schlafen können. Ich werde mich Heute telephonisch nach Ihrem Befinden erkundigen und Sie dürfen Sich nicht ärgern, wenn ich Sie noch manchmal telephonisch belästigen werde.« (Brief Kaiser Franz Josephs an Katharina Schratt, 6.6.1898)

Die Abneigung gegen die meisten modernen Einrichtungen übertrug der Kaiser auch auf den neueingebauten Aufzug in dem von ihm bewohnten Flügel der Wiener Hofburg. Er schritt die Treppen weiterhin höchstselbst hinan, ohne fremde Hilfsmittel zur einfacheren Überwindung heranzuziehen. Allerdings war er auf die Elektrifizierung der Wohnungen in der Hofburg gleich von Anfang an stolz, wie sich vielen Briefen entnehmen läßt, und er liebte es, auch andere mit der neuen Annehmlichkeit zu überraschen: ». . . von $^1/_2$ 2 bis nach $^1/_2$ 3 war ich mit der Freundin (Katharina Schratt) bei Ida (Ferenczy, Hofdame der Kaiserin), der ich ihre Wohnung elektrisch beleuchten ließ, worüber sie eine große Freude hat, und um 5 Uhr ging ich mit Hohenlohe die neu hergerichteten, elektrischen beleuchteten Redouten Säle ansehen, die recht hübsch geworden sind.« (Brief des Kaisers an die Gemahlin vom 1.1.1893)

Eugen Ketterl berichtigt in seinen Erinnerungen die allgemeine Meinung, der Kaiser wäre Neuerungen gegenüber prinzipiell ablehnend eingestellt gewesen, dahingehend, daß er als technisch nicht sehr informierter Mensch nur den eigenen Gebrauch hinauszögerte. Er benützte neue Geräte erst dann, wenn ein Großteil seiner Familie sie schon längere Zeit erfolgreich in Verwendung gehabt hatte. Trotzdem zeigte er sich aber für Neuerungen aller Art interessiert, was viele Ausstellungsbesuche und Dokumente belegen: ». . . Um 11 Uhr producirte mir ein Herr Wagemann den berühmten Edisonschen Phonograph, der ebenso erstaunlich, als interessant ist. Ich hörte ganz deutlich Bismarck sprechen, ein in Berlin auf mich ausgebrachtes Hurrah und anschliessend unsere auch dort von der Musik des Eisenbahn Regimentes gespielte Volkshymne und den Radetzky Marsch, eine Deklamation Sonnenthals in seiner affektirtesten Ausdrucksweise, machte mich lachen, ein Lied von Frau Papier war besonders deutlich und schön wiedergegeben, ebenso ein vor Kaiser Wilhelm von einem Offizier gespieltes Klavierstück und ein vor dem Großherzoge von Baden geblasener Trompeter Aufzug.« (Brief Kaiser Franz Josephs an Katharina Schratt aus Gödöllö, 5.11.1889)

In den südlich gelegenen Kaiserappartements im Reichskanzleitrakt herrschte den Sommer über große Hitze, weshalb der stets um die Gesundheit des Kaisers besorgte Leibkammerdiener Ketterl einen Ventilator erstand und ihn eines Tages auf dessen Schreibtisch stellte. Als der Kaiser das Gerät entdeckte, ordnete er an, es wieder zu entfernen, gab aber die Zustimmung, daß solche Belüftungsanlagen in den Räumen der Kaiserin und der Erzherzogin Marie Valerie installiert werden. Später ließ sich der Kaiser dann doch von den Vorteilen des Ventilators überzeugen, räumte ihm aber zunächst nur einen Platz auf dem Kaminsims ein. In späteren Jahren wanderte das Gerät wieder zurück auf den Schreibtisch und wurde im Laufe der Zeit sogar erneuert. Und weil es ein Geschenk Katharina Schratts war, bedachte der Kaiser es auch mit wesentlich mehr Aufmerksamkeit als andere Gebrauchsgegenstände seiner Wohnung. ». . . innigsten Dank . . . für die neue Lufterzeugungs Maschine, welche, wie ich erst im Waggon von meinem Kammerdiener Ketterl erfuhr,

Vorgestern in meine Wohnung in der Burg kam und bereits bei einem angestellten Versuche eine enorme, abkühlende Wirkung hatte. Wie viele Wohlthaten verdanke ich Ihnen! Sie sind ein Oberengel! Die frühere Maschine kommt nach Ischl (dort befindet sie sich heute noch), wo sie bei der dortigen elektrischen Einrichtung verwendbar sein und gute Dienste leisten wird.« (Brief Kaiser Franz Josephs an Katharina Schratt, 7.6.1896)

Über die ganz privaten Leidenschaften des Kaisers braucht nicht viel geschrieben zu werden, da er außer seiner Arbeit, dem Familienleben (den Schratt'schen Haushalt miteinbezogen) und der Jagd nur noch einer – bescheidenen – Leidenschaft verfallen war: dem Rauchen. Schon als junger Mann führte er genau Buch über die Ausgaben für Zigarren, die er vom eigenen Taschengeld bestreiten mußte. Viele Jahre bevorzugte der Kaiser die österreichische Virginia-Zigarre, die zu seiner Zeit zwei Kreuzer kostete und die zu rauchen in Anlehnung an das hohe Vorbild jedem Beamten der Monarchie eine Pflicht darstellte.

1836 ist das Geburtsjahr der Virginia, die als »Wetschina« in den Volkssprachgebrauch einging. Wenig später kamen die ersten Papierzigaretten auf. Die feinsten Zigaretten der Welt rauchte angeblich Sultan Abdul Hamid II., der 24. Souverän vom Stamm Osmans. In seinem Palast war unter anderem eine eigene kleine Zigarettenfabrik untergebracht, in der sechs Arbeiter aus einer Auslese der türkischen Tabakernte – und auch davon wiederum nur die Spitzen der allerfeinsten Blätter verwendend – Zigaretten fertigten.

Kaiser Franz Joseph hat sich als Raucher strengen Regeln der Selbstdisziplin unterworfen und hielt in diesem Zusammenhang auch an einer alten Hofregel fest: Während der Diners untersagte er sich und allen anderen Gästen das Rauchen von Zigarren und Zigaretten.

In späteren Lebensjahren mußte Kaiser Franz Joseph auf Anraten seines Arztes auf die starke Virginia verzichten und auf mildere Produkte, wie die Regalia Media oder die leichteren Operas, übergehen, die eigens für den Hof hergestellt wurden. Die Zigarren für den Kaiser wurden speziell vorbereitet. Sie waren in farbenfrohe, gold- und wappenverzierte Holzschachteln verpackt und mit Stanniol umwickelt, um das Aroma so lange wie möglich zu erhalten. Die kaiserlichen Zigarrenabschneider und Feuerzeuge waren meist aus Gold gefertigt und mit einem emaillierten Kleeblatt oder Vergißmeinnicht-Sträußchen verziert. Die Motive gelten als Glückbringer. Daß sie sich im kaiserlichen Haushalt auf vielen Gegenständen des täglichen Bedarfs befanden, läßt sich auf Kaiserin Elisabeth zurückführen, die ihnen – wie vielen anderen Fetischen – huldigte. In späteren Jahren ließ auch Katharina Schratt alle Geschenke mit diesen Motiven versehen, die damit wiederum ihr großes Vorbild, die Kaiserin, nachahmte.

Auf den meisten Schreibtischen des Kaisers standen chemisch betriebene Feuerzeuge (Wasserstoffzünd-Maschinen), die auf einen Erfinder namens Döbereiner zurückzuführen sind. Professor Johann Wolfgang Döbereiner, der am 13. Dezember 1780 als Sohn eines

Kutschers geboren worden war, begann seine Laufbahn als Apotheker und erlangte schließlich die Würde eines Universitätsprofessors der Chemie an der Universität in Jena. Er wurde dort Berater Johann Wolfgang von Goethes, der einen Teil seiner Arbeit chemischen Versuchen widmete. 1823 entdeckte Döbereiner, daß Platinschwamm brennbare Gase entzünden kann, eine Reaktion, die den Ausschlag für die Herstellung des Feuerzeugs gab.

In den privaten Bereich des Kaisers fiel auch die Anschaffung und Wartung der Garderobe, deren Verwaltung eine umfangreiche Aufgabe darstellte. Unter der Aufsicht Eugen Ketterls wurde in den Verzeichnissen die Leib- und Bettwäsche des Kaisers festgehalten. Weiters umfaßte der Garderobendienst die Wartung der Uniformen sämtlicher in- und ausländischer Regimenter, denen Kaiser Franz Joseph in hohem Range angehörte (s. dazu auch den Anhang am Ende des Buches: Uniformen des Kaisers). Obersthofmeisteramt, Generaladjunktur sowie die jeweiligen Vertretungen der Monarchie im Ausland waren beauftragt, den letzten gültigen Stand der richtigen Paradeadjustierung herauszufinden, um peinlichen Mißgeschicken vorzubeugen, noch dazu, wenn beim Empfang verschiedener ausländischer Fürsten der Kaiser innerhalb weniger Stunden die Uniformen oftmals wechseln mußte. »Ich habe zum Empfange fremder Gäste fünf Mal auf verschiedene Bahnhöfe fahren müssen, dabei viermal ausländische und einmal österreichische Uniformen angezogen und da es Vorgestern recht kalt war, viel gefroren. Ich konnte mir bei dem beständigen An- und

Ausziehen lebhaft vorstellen, wie angenehm das bei einem Stücke (Theatervorstellung) mit vielen Umzügen sein muß.« (Brief Kaiser Franz Josephs an Katharina Schratt, 27.2.1895)

Kaiser Franz Joseph trug bei fast allen dienstlichen Angelegenheiten die Uniform. Nur bei Privataufenthalten im Ausland legte er zivile Kleidung an, wie zum Beispiel während eines Urlaubs mit seiner Gemahlin Elisabeth in Cap Martin an der Riviera. Durch Zufall gelangte ein Foto des Kaisers im bürgerlichen Anzug an die Wiener Presse, wo das Bild auch sofort veröffentlicht wurde. Daraufhin bat die Gemeindevertretung Wiens, den Kaiser in Wien auch einmal in Zivil empfangen und bewundern zu dürfen. Das lehnte der Monarch entschieden ab: Sein Dienstgewand – und in Wien versah er nun einmal seinen Dienst – war die Uniform. Es scheint außerdem, daß das Verhältnis des Kaisers zu Zivilkleidung nicht das beste gewesen war und daß er sich ohne Uniform geckenhaft vorkam. »Vorgestern war um 9 Uhr der berühmte Schneider Frank bei mir, um meine Civil Garderobe zu revidieren und zu ergänzen, damit ich an der Riviera als angehender Gigerl auftreten könnte.« (Brief Kaiser Franz Josephs an seine Gemahlin, 10.2.1894) Dementsprechend war die private Garderobe des Kaisers mit denkbar einfachen und bescheidenen Stücken ausgestattet. Als man zwecks Besichtigung des Flugfelds an einem sehr kalten Tag eine Reise nach Wiener Neustadt antrat, empfahl der begleitende Statthalter Graf Kielmansegg dem Kaiser, einen Pelz umzulegen, um einer Verkühlung vorzubeugen. Kaiser Franz Joseph wandte sich fragend an den mitfahrenden Leibkammerdiener Ketterl: »Haben wir einen Pelzpaletot?«, was dieser verneinte. Auf Anraten des ebenfalls mitreisenden Leibarztes Dr. Kerzl mußte der in arge Verlegenheit geratene Kaiser über den Mantel, den er trug, einen zweiten, alten Tuchpaletot überziehen.

Außer der kaiserlichen Bettwäsche, die aus Leintüchern, Polsterbezügen, Sommer- und Winter-Steppdecken, Bahn- und Hirschleder-Decken bestand, war auch die Leibwäsche des Kaisers in einem eigenen Inventar-Buch verzeichnet. Alle Wäschestücke waren mit gestickter Kaiserkrone und dem persönlichen Monogramm versehen. Zum jeweils aktuellen Bestand zählten etwa vierzig weiße und ebensoviele farbige Uniformhemden, dreißig weiße Zivilhemden, Nachthemden, Umhängemäntel für den Besuch des Friseurs und Bademäntel. Halbstiefel und Reitstiefel wurden durch Holzschäfte in Form gehalten.

Bei der Versorgung der allerprivatesten Bekleidung offenbarte sich der Sparmeister Franz Joseph. Den Hauspaletot ließ er etliche Male reparieren, die Ärmel kürzen, das Futter ersetzen. Manche Kleidungsstücke ließ er sogar umfärben, um länger an ihnen Freude zu haben. An Zivilkleidern besaß der Kaiser – außer einem Frack und einem Smoking – einen grauen Reiseanzug, einige Gehröcke mit Westen, Überzieher und später sogar einen Stadtpelz mit Otterkragen. Einen blauen Matrosenanzug aus Kindertagen hielt der Kaiser in liebevoller Erinnerung: er hing bis ins höchste Alter des Kaisers im Kleiderschrank. Einige Krawatten, ein Seidenfilz-Zylinderhut, ein Chapeau claque (zusammenklappbarer Zylinder) sowie ein paar Filzhüte vervollständigten die private Garderobe.

In den späteren Lebensjahren (nach 1910) hatte der Kaiser Leibbinden in Verwendung, nachts trug er eine schwarze Seiden-Zipfelmütze. Lange, bis an die Fußknöchel reichende Leinen-Unterhosen, die am unteren Beinende mit Abbind-Bändern versehen waren, stellten sein Leben lang einen wichtigen Bestandteil der Alltagskleidung dar. Nur während der Jagd verzichtete er auf den Beinschutz, da er zwischen Gamslederner und Wollstrümpfen nichts als das Knie sehen wollte.

Die kaiserlichen Hauspantoffel waren aus gelblichem Ziegenleder gefertigt und innen mit roter Seide gefüttert.

Der Kaiser besaß einige Krawattennadeln, die er zumeist zum Geschenk erhalten hatte und von denen die meisten mit Jagdmotiven verziert waren. Silberne Hufeisen mit einem goldenen Wildschwein, goldene Gemsköpfe oder ein goldener Fuchskopf, ein an einer Kette hängender Hirsch aus Silber, eine Goldgemse, ein galoppierendes Pferd aus Gold, ein Wolfskopf in Silber mit Rubinaugen. Zur privaten Schmucksammlung zählten weiters ein ›glückbringendes‹ Kleeblatt aus Blutstein, eine Busennadel mit dem reitenden heiligen Georg in Gold, goldene Manschettenknöpfe mit Smaragden, Saphiren, Mondsteinen oder Brillanten und zahlreiche Manschettenknöpfe, die, ähnlich wie die Krawattennadeln mit Jagdmotiven versehen waren und unter denen die klassischen Hirschgrandln auf Eichenblatt natürlich nicht fehlten. Außerdem verfügte der Kaiser wie jeder elegante Mann dieser Zeit über eine bestimmte Anzahl von Westenknöpfen aus Granaten, Carneolen oder Onixen sowie über etliche Chemisetteknöpfe in Form von Goldkugeln. Zu den bevorzugten Uhren zählte die goldene Repetier-Remontoir Savonette und einige Taschenuhren mit meist goldenen Uhrenketten. Verschiedene kleinere Gebrauchsgegenstände wie Spazierstöcke mit eleganten Silberknäufen oder Regenschirme mit silbernen oder vergoldeten Griffen und Emailzierrat vervollständigten das Garderobe-Ensemble.

Mit der Instandhaltung und Pflege der zahlreichen Orden und Auszeichnungen sowie der Ordensbänder war der Juwelier Rothe am Kohlmarkt in Wien betraut, der in kaiserlichem Auftrag auch alle Dekorationen herstellte.

Zur Versiegelung seiner Briefe benützte der Kaiser ein Petschaft aus Gold und Lapislazuli mit dem Wahlspruch ›Viribus unitis‹ (mit vereinten Kräften), den Kaiser Franz Joseph anläßlich der Auflösung des Kremsierer Reichstags am 7. März 1849 erstmals öffentlich ausgesprochen hatte: »Groß ist das Werk, aber gelingen wird es den vereinten Kräften.«

7
»Der Kaiser war mit der Jagd richtig aufgelebt ...«

Bad Ischl und die Jagd

Die Ischler »Cur-Liste Nr. 13« vom Dienstag, dem 5. Juli 1898, weist unter fortlaufenden Nummern folgende Ankömmlinge aus:

Nr. 591 S. k. u. k. Apost. Majestät Franz Joseph I., Kaiser von Österreich, etc.

Begleitung:

Nr. 592 S. Exc. Herr Eduard Graf Paar, Generaladjutant d. Kaisers

Nr. 593 S. D. Hugo Fürst Dietrichstein zu Nikolsburg, Graf Mensdorf-Pouilly, Flügeladj. d. Kaisers

Nr. 594 Herr Heinrich Freih. v. Kulmer, Flügeladj. d. K.

Nr. 595 Herr Rudolf Dittl v. Wehrburg, Ordonnanzoffizier
usw. usw.

Nr. 603 Herr Eugen Ketterl, Leibkammerdiener

Dienerschaft	Kaiservilla	24 Personen

So wie jedes Jahr zu Beginn des Sommers traf Kaiser Franz Joseph auch im Jahr 1898 im Juli in Bad Ischl ein, wo er wie immer die Kaiservilla bewohnte. Zu seinem Leidwesen war, wie so oft, die Gemahlin nicht mitgekommen, die, von einem Kurort zum nächsten eilend, unaufhaltsam ihrem tragischen Ende entgegenschritt. Dabei hatte gerade in Bad Ischl der gemeinsame Weg des hohen Paares begonnen, weshalb der Kaiser das Gebäude schon bald hatte umgestalten und liebevoll einrichten lassen.

Eine ursprünglich kleine Villa hatte die Kaisermutter, Erzherzogin Sophie, vom damaligen Besitzer Dr. Eltz käuflich erworben. Zur Vergrößerung kam noch die Schmalenau, ein Bauernbesitz, hinzu, auf dem das Cottage, eine aus Ischler Marmor erbaute Sala terrena (das heutige sogenannte Marmorschlößl), errichtet wurde. Der ersten Villa ließ Kaiser Franz Joseph zwei Seitenflügel hinzufügen, sodaß im Grundriß die Form eines »E« entstand, um mit dem Gebäude der geliebten Gemahlin Elisabeth zu huldigen.

Die durch den Umbau entstandenen Räume boten der immer zahlreicher werdenden Familie genügend Platz, sodaß auch Erzherzogin Marie Valerie, die jüngste Tochter des Kaiserpaares, mit ihren Kindern dort Unterkunft fand. Die andere, erwachsen gewordene Tochter (das erste Kind, Sophie, war 1857 im Alter von zwei Jahren gestorben) Gisela, die Ehefrau Prinz Leopolds von Bayern, nahm während der Ischler Aufenthalte mit ihrer Familie in der Villa am Gries Quartier.

Den Mitteltrakt der Kaiservilla, in dem sich auch die Gesellschaftsräume befanden, bewohnte Kaiser Franz

Joseph. Der westliche Trakt war für die Kaiserin freigehalten, der östliche für das erzherzogliche Paar Marie Valerie und Franz Salvator. An den Wänden der meisten Räume befanden sich zahlreiche Gemälde mit Jagd- oder Tiermotiven von Pausinger, Gauermann, Schindler und Blaas.

Im Arbeitszimmer des Kaisers durfte man über ein Strickerlbarometer aus Madonna di Campiglio staunen, das die Kaiserin von einer Reise mitgebracht hatte und das eine richtige Wetterprognose garantierte: »Die herabfallende Schnur zeigt an: Schönes Wetter: wenn der Strick trocken ist. Regenwetter: Wenn der Strick naß ist. Veränderlich: Wenn der Strick einmal trocken, einmal naß ist. Wind: Wenn der Strick hin- und herbaumelt.«

Auf dem Schreibtisch befand sich ein elektrischer Zigarrenanzünder. Das Schlafzimmer war wie das in der Wiener Hofburg und in Schloß Schönbrunn einfach ausgestattet: mit einem eisernen Feldbett und braunem Überwurf, einem Toilettetisch und einem Betschemel. An der Wand zeugt ein Aquarell von einem der vielen zeichnerischen Talente, mit denen die Kaiserfamilie reich bestückt war. Abgesehen von einigen Kindern der Kaiserin Maria Theresia, die sich künstlerisch betätigten, malten Erzherzog Ludwig Salvator (ein Vetter zweiten Grades Kaiser Franz Josephs), Erzherzog Otto (der Bruder des Thronfolgers Franz Ferdinand), Erzherzog Maximilian (ein Bruder des Kaisers), der Kaiser selbst sowie sein Sohn Rudolf, von dem das dort befindliche Aquarell der Waldschnepfe stammt (signiert: Rudolph, 1875). Im Boudoir der Kaiserin standen zwei große Paravents mit zahlreichen Fotografien der Kinder, Schwestern und ihrer Seelenverwandten; der rumänischen Königin Elisabeth (Carmen Sylva).

Als die Kaiservilla elektrifiziert wurde, richtete man dort auch ein Schwimmbad ein, das am der Villa gegenüberliegenden Ufer der Ischl gebaut wurde (der Kaiser bezeichnete es in seinen Briefen immer als »Schwimmschule« – wahrscheinlich haben dort die zahlreichen Enkel das Schwimmen erlernt) und das er selbst oft frequentiert haben muß. Die Villa ist von einem etwa 160 Joch (ca. 6500 m^2) großen Park umgeben, den der Hofgärtner Rauch als englischen Naturpark angelegt hatte, und in dem bis heute – dem rauhen Salzkammerguter Wetter zum Trotz – einige Exoten gedeihen. Wenn der Kaiser frühmorgens im ersten Stock des Hauses auf den Balkon trat, um nach dem Wetter zu sehen, konnte er von dort bis zu den Eisfeldern des Dachsteins Ausschau halten.

Dem Wetter galt das besondere Interesse, da es die Voraussetzung zum Ausüben der liebsten Privatleidenschaft des Kaisers, der Jagd, bildete. Interessant im Zusammenhang ist eine Tagebucheintragung des 1873 anläßlich der Weltausstellung in Wien weilenden Schah von Persien, der den Kaiser außer bei offiziellen Anlässen nur einmal in kleinerem Kreis traf, als er mit ihm an einer Jagd teilnahm. »Wir jagten in einem großen Wildpark, der sich in der Nähe des prachtvollen Sommerschlosses Schönbrunn meilenweit erstreckt (wahrscheinlich in Lainz). Der Kaiser, der nur selten von meiner Seite wich, war mit der Jagd richtig aufgelebt, wie ich ihn in den letzten Tagen nicht erlebt hatte. Er erkundigte sich eingehend nach meinen Jagden und den bei uns vorkommenden Tieren, die wir in unseren Wäldern jagen. Ihn hatte direkt ein Fieber erfaßt, als ich ihm von unseren Löwen, Tigern, Schakalen, Leoparden und Bären berichtete und wie wir oft wochenlang auf solchen Wildjagden unterwegs sind und dabei in Zelten so etwas wie ein Nomadenleben führen. In seinen Augen spiegelten sich die Leidenschaft des Jägers und das Verlangen, an derartigen Jagden beteiligt zu sein. Lebhaft sprach er darüber und bedauerte sehr, mir in seinem Reich nicht mit solchen königlichen Tieren dienen zu können, die ich aus dem Orient gewohnt bin. Ich glaubte ihm sein Bedauern und war überzeugt, daß er der richtige Jäger für die Bären und Wölfe wäre, die sich in der Nähe von Teheran herumtreiben.« (Tagebucheintragung vom 4. 8. 1873).

Kaiser Franz Joseph empfand die Jagd als ein gerechtes, edles, von ethischen Grundsätzen getragenes Waidwerk, dem er sich mit Leib und Seele verschrieben hatte und dem er – als einzige Beschäftigung überhaupt – als Privatmann nachkommen konnte, weshalb sich auch die immer wiederkehrende Bitte, den Empfang zum alljährlich stattfindenden Jagdaufenthalt im Salzkammergut nicht offiziell zu gestalten, wie ein roter Faden durch seine Korrespondenz zieht: »Jetzt zum Wichtigsten. Ich werde vielleicht schon übermorgen von hier (Wien) abreisen, kann es aber nicht bestimmt versichern. Ich bitte daher zur Vermeidung von Triumphbögen und weißgekleideten Mädchen nur in aller Stille ein Paar Pferde vom 16. (August) morgens angefangen in Ebensee warten zu lassen . . .« (Brief Kaiser Franz Josephs an seine Mutter, 13.8.1849) Der Brief endet mit der ebenfalls – jahreszeitlich bedingt – üblichen Bitte, für den der Ankunft folgenden Tag ». . . die bewußte Gemsjagd richten zu lassen«.

Im kaiserlichen Revier jagten außer dem Kaiser vor allem sein Schwiegersohn, Prinz Leopold von Bayern, und einige Erzherzöge. Jeder hatte den strikten Befehl, dem Kaiser nach Abbruch der Jagd das Jagdresultat – Fehlschüsse inbegriffen – mitzuteilen.

Standesgemäß, also dem Jägerstand entsprechend, und urwüchsig mußte die Jägerkleidung beschaffen sein. Das galt für den Kaiser und für seine Gäste. Er selbst trug einen grauen Filzhut mit Gamsbart oder Birkhahnstoß, die Tracht des steirischen Hochwildjägers (bestehend aus grauer Lodenjoppe mit grünem Stehkragen, Umhängschnur und grüner Weste), mit kurzer Gamslederner und grauen Wollstrümpfen. Diese kurzen Strümpfe neigten dazu, abwärts zu rutschen und sich über dem derben, genagelten Schuh bauschig in Falten zu legen. Der Umstand, daß deshalb nicht nur das Knie, sondern auch ein Großteil der Wade unbedeckt blieben, soll die Ursache der rheumatischen Schmerzen gewesen sein, an denen der Kaiser im fortgeschrittenen Alter litt.

Besonderen Wert wurde auch auf das passende Jagdschuhwerk gelegt. Der Kaiser selbst trug mit starken Nägeln versehene Goiserer, die wie die »Lederne« nicht alt genug sein konnten, um zünftig auszusehen. Als einmal ein Jagdgast mit funkelnagelneuen, hellen, gelblichen Schuhen zur Jagd erschien, bemerkte der

Kaiser spöttisch: »Sie haben aber schöne, gelbe Schuhe an!«, woraufhin der Geladene nie wieder wagte, das Revier mit solchen Auslagenstücken zu betreten.

Alles, was die Jagdkleidung betraf, verfolgte der Kaiser mit akribischer Genauigkeit. Als der alte Leibkammerdiener Kundrat dem Kaiser die in die Tage gekommene Jagdgarderobe zum Mustern vorlegte, zeigte sich der Kaiser über den Zustand der Kleidungsstücke hochzufrieden. Daraufhin schlug Kundrat vor, man sollte zumindest eine neue Krawatte anschaffen. Dem stellte sich Kaiser Franz Joseph strikt entgegen. Um aber doch ein wenig auf die Verbesserungsvorschläge des Dieners einzugehen, schlug er vor, die besseren Teile der stark verbrauchten Stücke herausschneiden und zu neuen Krawatten zusammenflicken zu lassen.

In seiner abgetragenen Jägertracht unterschied sich der Kaiser in nichts von den alteingesessenen Jägern und Forstgehilfen der Umgebung. Das ging sogar so weit, daß man ihn und seine hohen Gäste nicht als solche erkannte. Als der Kaiser und seine Jagdgenossen eines Tages den Weg verloren hatten, baten sie einen Bauern, sie nach Ischl zurückzubringen. Beim Abschied bedankte man sich höflich und lüftete dem freundlichen Mann sein Inkognito: »Weißt, wen du jetzt befördert hast? Ich bin der Kaiser von Österreich und stell dir hier den König von Sachsen und den Großherzog von Toskana vor.«

Der Bauer lachte herzlich und verließ mit einem »Das kann a jeder sagen!« die sonderbare Gesellschaft. Als man ihm am nächsten Tag bestätigte, wen er da heimgeführt hatte, glaubte er es trotzdem nicht: »Mit dem Gwand! – Und außerdem hams mir ja ka Trinkgeld geben.«

Zurück zu den Gamsledernen und den nackten Knieen, auf die der Kaiser besonders viel hielt. Auf dem Schneeberg war die Elisabeth-Gedächtniskapelle errichtet worden, an deren feierlicher Einweihung Kaiser Franz Joseph aus terminlichen Gründen nicht teilnehmen konnte, weshalb er den Besuch zu einem späteren Zeitpunkt nachholte. Von Puchberg aus fuhr man mit der Zahnradbahn auf die Schneeberghöhe. Den Sicherheitsdienst zum Schutz des hohen Gastes übernahm das Jagdpersonal der Grafen Ernst Hoyos und Wilhelm Wurmbrand, der Besitzer der dortigen Jagd- und Forstgebiete. Als der Kaiser die längs der Bahngeleise wachenden Jäger vom Zugfenster aus bemerkte, wandte er sich übellaunig an den mitreisenden Statthalter, den Grafen Kielmansegg: »Ja, da steht schon ein Jäger, der hat aber blaue Gattien (lange Unterhosen) zur Lederhose an, das kann ich nicht leiden, nur nackte Knie gehören sich für einen Jäger.« Während eines zehnminütigen Aufenthalts in der Station Baumgartnerhaus verließ der Kaiser unter den Tönen eines Waldhorn-Quintetts den Zug, dankte dem Empfangskomitee und begrüßte die Forstmeister. Plötzlich wandte er sich entsetzt ab, schlug die Richtung zum Zug ein, den er eilig bestieg, und verschwand in seinem Abteil. Den Grund zu seiner Flucht hatte der Anblick der durch Barchentunterhosen verdeckten Kniee einiger Forstleute gegeben.

Wenn der Kaiser zur Jagd ging, trug er das Gewehr selbst, ein zweites hielt der Leibjäger zur Verfügung.

Der Kaiser benützte in frühen Jahren einläufige, bis zur Mündung holzgeschäftete, kleinkalibrige Kipplaufbüchsen (Lancastersystem), sogenannte Ischler Stutzen ohne Repetiervorrichtung aus der Werkstatt der Büchsenmacher Springer in Wien und Wolfgang Leithner sen. in Bad Ischl, später zog er die sieben Millimeter Lancaster-Doppelbüchse mit Stahlmantelgeschossen vor und verwendete mitunter ein Fernrohrgewehr. Während der Kaiser in jungen Jahren auf Hoch- und Niederwild schoß, jagte er später nur noch Hochwild und Auerhähne. Da sich Kaiser Franz Joseph des Fernrohrs auf dem Jagdstutzen nicht gerne bediente, korrigierte er im Alter die Sicht mit einer – für die Jagd horngefaßten – Brille, mit der es aber offensichtlich einige Schwierigkeiten gab: ». . . Vorgestern ist mein Schwiegersohn (Prinz Leopold von Bayern) um $1/2$ 4 Uhr Früh in Gödöllö angekommen und bereits um 4 Uhr fuhr ich mit ihm auf die Pirsche, bei welcher er zwei Hirsche erlegte . . . während ich deren zwei fehlte, was ich meinem Alter, den schwachen Augen und vor Allem den Brillen zuschreibe, mit denen ich immer zu tief schieße.« (Brief Kaiser Franz Josephs an Katharina Schratt aus Visegrád, 26. 9. 1889)

Zu den ständigen Jagdbegleitern des Kaisers zählten die beiden Schwiegersöhne, vorzugsweise Prinz Leopold von Bayern, der Ehemann der Erzherzogin Gisela, der wie sein Vater, Prinzregent Luitpold von Bayern, ein passionierter Jäger und hervorragender Schütze war, und Erzherzog Franz Salvator, der Gemahl der Erzherzogin Marie Valerie. Auch die Enkel des Kaisers, die bayrischen Prinzen Georg und Konrad, sowie die Schwiegerenkel Prinz Otto zu Windischgraetz – er war mit der Tochter des Kronprinzen Rudolf verheiratet – und Graf Seefried auf Buttenheim, der Ehemann einer bayrischen Enkelin, waren in den letzten Jahren gern gesehene Jagdgäste des Kaisers.

Außer dem Ischler Jagdgebiet besaß der Kaiser vor allem in der Steiermark einige Jagdschlösser und Wildbestände. Zu einem der bevorzugten Reviere zählte Eisenerz mit dem Leopoldsteiner See. Der Kammer-Hof in Eisenerz, ein mehrhundertjähriges Gebäude, war ehemals Sitz der Kammergrafen von Innerberg und Jagd-Absteigquartier des Landesfürsten gewesen. 1880 erwarb Kaiser Franz Joseph das Gebäude und ließ es zu einem Jagdsitz umbauen. Der Kammer-Hof verfügte über eine große Zahl von Palisandermöbeln, an den meisten Wänden hingen Gemälde von Pausinger, der mit seinen Jagd- und Naturmotiven genau den Geschmack des Kaisers traf. Im Speisesaal waren die Wände mit Zirbelholz vertäfelt, in die – medaillon- oder kassettenförmig – abermals Bilder von Pausinger eingelassen waren. Im Schlafzimmer beherrschte wie in den anderen kaiserlichen Ruhegemächern das einfache, eiserne Bett den Raum. Vor dem Toilettetischchen stand ein Strohsessel, von dem sich der Kaiser trotz des zunehmend schlechten Zustands nie trennen mochte. Vor dem Betstuhl hatte der Kaiser ein von Papst Pius IX. übersandtes Kruzifix aufgestellt.

Schon Kaiser Maximilian I. und sein Ururenkel Kaiser Ferdinand II. hatten die Jagdgebiete in den Eisenerzer Wäldern gerne besucht, auf die sich wahrscheinlich die Ortsbezeichnung des Kaiserschilds rückbezieht. Kaiser Franz Joseph ließ dieses Revier neuerlich aufleben, als er am 8. September 1862 in Begleitung des Erbprinzen von Thurn und Taxis, des Kriegsministers Graf Degenfeld und der beiden Flügeladjutanten, der Grafen Latour und Fünfkirchen, in Eisenerz eintraf, wo man im Gasthof ›Zum König von Sachsen‹ Quartier nahm.

Das Jagdgebiet unterstand dem k.k. Oberjäger in Eisenerz, Josef Mühlbacher, der ein besonderer Günstling des Kaisers war. Unter seiner Leitung hatte Franz Joseph im Kindesalter die erste Gemse geschossen. Daher erkundigte sich der Kaiser, wenn er im Jagdrevier eintraf, auch immer gleich nach ihm, ließ ihn nach erfolgter Jagd mit Essen versorgen und bot dem lieben, altgewordenen Diener Zigarren aus der eigenen Tasche an. Wenn er feststellte, daß der in treuen Diensten ergraute Mann müde geworden war, schickte er ihn heim, sich tüchtig auszuschlafen. Oberjäger Mühlbacher, der auch die Eisenerzer Abschußlisten des Kaisers führte, starb im Jahr 1892.

Ein anderer bevorzugter Jäger des Kaisers war der Revierförster im Langwieser Forstdistrikt, Franz Neubacher. Als der verdiente Mann schon im Ruhestand lebte, suchte ihn der Kaiser häufig auf der Langwieser Forststraße zu treffen, um mit dem altehrwürdigen Jäger gemeinsame Jagderlebnisse in Erinnerung zu rufen. Franz Neubacher starb im Mai 1910 im Alter von 72 Jahren.

Auch wenn der Kaiser mit seinen Jägern einen sehr vertrauten Ton führte, so durfte doch keiner wagen, daraus Vorrechte abzuleiten. In Ischl diente dem Kaiser ein Leibjäger namens Petera, den er sehr schätzte und dem er bei starkem Regen oftmals angeboten hatte, vom Bock herunterzusteigen und sich zu ihm in den Wagen zu setzen. Als es eines Tages wieder heftig regnete, wartete Petera die kaiserliche Aufforderung einzusteigen erst gar nicht ab, sondern schlüpfte von selbst ins Wageninnere. »Dort oben ist Ihr Platz!« herrschte ihn daraufhin der Kaiser an und verwies ihn zurück auf den Kutscherbock. Durch diesen Vorfall hatte Petera das Einsteigerecht für alle Zeit verwirkt.

In frühen Jahren verbrachte der Kaiser einige Jagdaufenthalte in Reichenau, wo ihm über die Sommermonate auch die Kinder, Gisela und Kronprinz Rudolf, in der kaiserlichen Villa Gesellschaft leisteten. Für den 21. August 1861 ließ der Kaiser seinem Söhnchen anläßlich dessen dritten Geburtstags ein kleines Jägerhaus errichten, das einer Gebirgsjagdhütte nachgebildet war: Es enthielt neben dem üblichen Inventar die vollständige Ausrüstung eines Weidmanns en miniature und sogar eine kleine Pfeife mit Tabaksbeutel. Über der Eingangstür empfing den Eintretenden ein Schild mit der Aufschrift: »Ich bin Kronprinz Rudolfs Jägerhaus. Wem's nicht gefällt, der bleibe draus!« Reichenau gehörte zum Hofjagdgebiet Neuberg, das zwischen Mürzzuschlag und Mürzsteg in der Steiermark liegt. Herzog Otto der Fröhliche, der sechste Sohn Kaiser Albrechts I., hatte hier in der ersten Hälfte des 14. Jahrhunderts eine Zisterzienserabtei gegründet. Im Kapitelhaus der Abtei wurde die Stiftergruft eingebaut, in der Herzog Otto, seine beiden Gemahlinnen, Elisabeth von Bayern und Anna von Böhmen, und seine beiden Söhne, Friedrich und Leopold, ruhen. Unter Kaiser Josef II. wurde das Stift am 18. Februar 1786 aufgehoben und die Stiftskirche zur Pfarrkirche umgewandelt.

Kaiser Franz Joseph ließ nach 1850 den südöstlichen Flügel des ehemaligen Stiftsgebäudes zum Jagdschloß umbauen, das ihm und seinen Gästen für Jagdaufenthalte genug Unterkunft bot. Im oberen Geschoß (die heutigen Ausstellungsräume) befanden sich die Kaiser-Appartements mit Entrée, Arbeitszimmer, Schlafzimmer, Zimmer des Leibkämmerers, Zimmer des Thronfolgers und schließlich dem Speisezimmer, dem Lesekabinett und dem Spielzimmer (ausgestattet mit einem Billardtisch, einem Spieltisch mit Whistkarten und einem Schachspiel). Die beiden letzteren wurden vor allem von den Jagdgästen frequentiert.

Im Vorraum dieses Landhauses prangen bis heute mächtige Geweihe, ein ausgestopfter Eberkopf mit gewaltigen Hauern, Schneehasen, Birk- und Schneehühner sowie drei präparierte Vögel (Gimpel, Kuckuck und Mandelkrähe) an den Wänden, die Kronprinz Rudolf als Knabe geschossen hatte. Eine Holztreppe führt ins obere Stockwerk, über dessen Gang man das Geweihzimmer betritt, in dem alle Einrichtungsgegenstände mit Hirschgeweihen, Steinbockgehörn und Gamskrickeln geschmückt sind (von dem ursprünglichen Ensemble ist nur noch eine Etagère erhalten). An das Geweihzimmer grenzt das ehemalige Arbeitszimmer des Kaisers, an dessen Wänden kolorierte Fotografien der Jagdstammgäste des Kaisers hängen, die der weitverzweigten Familie Habsburg angehörten: Zu ihnen zählten König Albert von Sachsen (ein Freund Kaiser Franz Josephs seit Kindertagen und im Laufe der Jahre in einem immer dichter werdenden Netz verschwägert mit ihm und seiner Familie – durch seine Schwester Anna war Albert Schwager des Großherzogs Ferdinand IV. von Toskana geworden, durch seine Schwester Margarete Schwager Erzherzog Karl Ludwigs, eines Bruders Kaiser Franz Josephs, und durch seine Schwester Sofie Schwager Herzog Karl Theodors in Bayern, eines Bruders der Kaiserin Elisabeth), Ferdinand IV. Großherzog von Toskana und Prinz Louis von Bayern, der älteste Bruder Elisabeths – alle Kindheitsgespiele des Kaisers; Erbprinz Maximilian von Thurn und Taxis (der Helene »Néné« in Bayern, die ältere Schwester der Kaiserin Elisabeth, geheiratet hatte) und Herzog Karl Theodor in Bayern (ein Bruder der Kaiserin Elisabeth).

Das Schlafzimmer Kaiser Franz Josephs zeigt das übliche Bild: ein eisernes Bett auf Rädern, einen Waschtisch mit Geschirr (Gemsenkopfmarke) und einen Betschemel mit einem Öldruck als Andachtsbild. Auch hier erinnern zwei Zeichnungen des Kronprinzen Rudolf (»Haselhuhn« und »Zwei Schnepfen«, signiert: Rudolf 1870 und 1872) und eine Kinderzeichnung der Tochter Marie Valerie (»Das Kätzchen Minet«) sowie ein Weihnachtsgedicht derselben Urheberin mit der Ansicht von Schloß Possenhofen und einem Weihnachtsengel (aus dem Jahr 1883) an die künstlerischen Talente zweier jugendlicher Habsburger.

Links vom Geweihzimmer befanden sich die Gemächer des Prinzen Leopold von Bayern, eines Schwiegersohns Kaiser Franz Josephs, außerdem stand dem Generaladjutanten Eduard Graf Paar ein Zimmer im ersten Stock zur Verfügung. Ein im selben Stockwerk befindliches südliches Gemach wurde später von Kaiser Karl benützt. Zwei Gemächer im Erdgeschoß wurden von Prinz Otto Windischgraetz, einem Schwiegerenkel des Kaisers, bewohnt. In einem der beiden Zimmer stand ein vierteiliger Diwan mit Seidendamastüberzug, der noch aus der Zeit der Kaiserin Maria Theresia stammte. Alle Schlafräume glichen im Stil und in der Austattung dem Schlafzimmer des Kaisers und verfügten über Bett, Nachtkästchen, Schrank, Waschtisch mit Spiegel, Rasiertischchen mit Handspiegel, Kleider- und Handtuchhalter, Stehuhr, Sofa und über einen mit braunem Rindsleder überzogenen Armstuhl.

Im Speisezimmer finden sich abermals Gemälde und Radierungen des Tier- und Jagdmalers Franz von Pausinger sowie einige Jagdtrophäen des jungen Kaisers: »Am 25. Dezember 1848 (im Jahr seines Regierungsantritts) schoß Kaiser Franz Joseph I. seinen ersten Hirsch im Revier Neuschloß bei Littau.«

Mürzaufwärts befindet sich der Ort Mürzsteg mit dem Jagdschloß Mürzsteg. Bevor es 1870 erbaut wurde, logierte der Kaiser im Mürzsteger Forsthaus. 1879 mußte das Jagdschloß bereits erweitert werden, 1902 gestaltete man es gänzlich um, da Zar Nikolaus II. im darauffolgenden Oktober zur Jagd erwartet wurde. Anläßlich dieses Besuchs legte der Zar gemeinsam mit dem damaligen Minister des Äußeren, dem Grafen Lam(b)sdorff, die makedonischen Reformen fest. Seit dem Ende der Monarchie ist das Schloß im Besitz der

Republik Österreich und steht dem jeweiligen österreichischen Bundespräsidenten als Sommerresidenz zur Verfügung.

Im Vorraum des Schlosses von Mürzsteg hängt von der Decke herab ein mächtiger Kuttengeier mit ausgebreiteten Schwingen, den ein Mürztaler Jäger namens Fasching geschossen hatte. Auf einem Baumklotz hockt eine präparierte Wildkatze, eine Trophäe der Kaiserin Elisabeth (Abschuß: Marton Berec, 29. Nov. 1882).

Im sogenannten Salon des Zaren, der vor und nach dessen Besuch als Empfangsraum diente, stellt ein Bild von Pausinger den auf einen Auerhahn zielenden Kaiser dar.

Im Jahr 1872 hatte Kaiser Franz Joseph in Radmer ein Jagdschlößchen erbauen lassen, das im Parterre über einige Gästezimmer und im ersten Stock über ein kleines Gemach für den Kaiser mit Schlaf-, Bade- und Arbeitszimmer verfügte. Zahlreiche Bilder an den Wänden erinnern an die Kaiserin und an den Kronprinzen Rudolf. Der Schmuck wird durch Jagdtrophäen und eine mächtige, ausgestopfte Wildkatze, die die Kaiserin im Herbst 1887 im Gödöllöer Revier erlegt hatte, vervollständigt.

Am Fuß des Höllengebirges, dicht am Ufer des Vorderen Langbathsees, befindet sich ein weiteres kaiserliches Jagdschloß mit siebzehn Zimmern, das in der Ausstattung mit den Jagdtrophäen und Jagdbildern den anderen sehr ähnlich ist. Im Schlafzimmer des Kaisers zeugt die unter Glas und Rahmen befindliche Reinschrift eines Gedichts der Tochter Marie Valerie anläßlich des 54. Geburtstags des Kaisers im Jahr 1884 von lyrischem Ehrgeiz und fürsorglicher Liebe:

»Von Bergen umgeben, von Wäldern umrauscht,
Liegt ein See unten im Tal.
Ein Häuschen steht einfach am Ufer dort,
Gott segn' es tausendmal!

Denn fliehend das wilde Getümmel der Stadt,
Eilt in heil'ge Ruhe hierher.
Mein Vater, wenn manchmal auf seinem Haupt,
Die Krone drückt zu schwer.

Hier vergißt er der Sorgen, vergißt der Müh'n,
Weiht dem edlen Weidwerk sich nur
Und schöpft sich neuerdings Jugendkraft
Aus Gottes freier Natur.
Und darum segn' ich dich viel tausendmal
Du liebes, einsam stilles Tal.«

Wegen der einsamen, idyllischen Lage galt der Langbathsee auch als beliebter Erholungsort der Kaiserin Elisabeth. In ihrem »Poetischen Tagebuch« hält sie unter dem Datum des 14. August 1888 einen romantischen Augenblick am mondbeschienenen See fest, dem eine Najade zu entsteigen scheint.

Nicht weit vom Langbathsee entfernt, nordöstlich von Bad Ischl gelegen, befindet sich am Ufer des Offensees noch ein Jagdschlößchen, das sich als eines der wenigen bis heute in Familienbesitz befindet. Es liegt in 651 Metern Seehöhe, und man genießt von dort aus den Anblick auf das Tote Gebirge. Über der Eingangstür des Hauses empfängt ein tröstender Spruch den eintretenden Jäger:

»Es ist alle Tage Jagdtag,
Aber nicht alle Tage Fangtag!«

Die siebzehn Wohnräume sind – im Stil der anderen Jagdschlösser – einfach ausgestattet, die Stühle des Speisesaals bestehen aus Hirschgeweihen, der Kronleuchter ist aus Rehgewichtln zusammengesetzt und das Tafelgeschirr mit zünftigen Jägersprüchen versehen.

Als Jagdimbiß liebte der Kaiser deftige Hausmannskost: Geselchtes mit Knödeln, Blutwurst mit Sauerkraut, »ein Flaschel Slibowitz, einige Äpfel und kaltes Fleisch . . . oder Speck« (aus einem Brief Ketterls vom 30. 11. 1904) – er verzichtete aber auch da nicht gern auf das gekochte Rindfleisch mit Gemüse. Eine bevorzugte Nachspeise waren Äpfel im Schlafrock. Jeglichen Eßluxus untersagte sich der Kaiser an Freitagen, an denen er strikt fastete und als Abendmahlzeit nur Kartoffel mit Butter zu sich nahm.

Auch an Jagdtagen begab sich der Kaiser schon um neun Uhr abends zu Bett, während sich seine Gäste noch gerne mit Billardpartien oder mit Robber Whist aufhielten. Um zwei Uhr nachts traf der Kurier mit den Aktenstücke aus Wien ein, die die anwesenden Kabinetts- und Militärkanzleibeamten sichteten und dem Kaiser um fünf Uhr morgens zum Frühstück vorlegten. In früheren Jahren pflegte Kaiser Franz Joseph noch vor Tagesanbruch auf die Morgenpirsch zu gehen, während er später nur noch nachmittags jagte, um am Vormittag die anfallenden Kanzleiarbeiten erledigen zu können.

Der jeweilige Jagdleiter hatte dem Kaiser am Tag vor jeder Jagd die Jagdskizzen mit den verteilten Ständen vorzulegen, von denen der Schwiegersohn und liebste Jagdgast, Prinz Leopold von Bayern, meistens den besten erhielt.

8
Zur Visite in Frack und weißer Krawatte

Krankenpflege, Hausmittel und Arzneien

Wenn man von wenigen akuten Krankheiten absieht, war Kaiser Franz Joseph zeit seines Lebens ein gesunder Mensch, was sicherlich mit dem disziplinierten Leben, den regelmäßig eingenommenen Mahlzeiten und der sorgsamen Körperpflege in Zusammenhang zu bringen ist. Lediglich das Zigarrenrauchen hatte im hohen Alter seine Bronchien angegriffen, weshalb ihm der Leibarzt, um den Husten zu lindern, zu leichteren Sorten riet. Mitunter litt Kaiser Franz Joseph auch an einer Überempfindlichkeit des Magens oder unter Verdauungsschwierigkeiten, die mit einer Zwiebeltrinkkur behandelt wurden (dafür werden geschnittene Zwiebel gekocht und geseiht und der ausgekühlte Sud über einen gewissen Zeitraum hindurch getrunken). Eine öfter wiederkehrende Übersäuerung des Magens bekämpfte Dr. Kerzl mit einer Vierwochenkur. Während dieser Zeit mußte roher Kartoffelsaft getrunken werden, den der Kaiser zwar abscheulich fand, der aber meist verblüffend schnelle Wirkung zeigte. An kleineren Übeln, die in den Briefen des Kaisers immer wieder Erwähnung finden, gab es Hühneraugen und Talggeschwulste, für deren baldige Entfernung man immer Sorge trug: »Im Laufe der Woche will ich aber jedenfalls im Theater von Weitem von Ihnen Abschied nehmen, da ich Samstag für höchstens 8 Tage nach Ischl gehe, wo ich in der Abgeschiedenheit mir eine kleine Talggeschwulst, die Sie auf meiner Stirn bemerkt haben werden, und noch einige ander Auswüchse in meinem Gesichte wegschneiden lassen will. Ich hoffe, dann viel schöner zu werden!« (Brief an Katharina Schratt, 6.6.1887)

Der Kaiser verfügte über eine Hausapotheke (in den Verzeichnissen wird sie als Kammerapotheke geführt), deren Ausstattung von Mag. Posekany, dem ehemaligen Pächter der Hofapotheke, kommentiert wurde:

1. Flüssigkeiten: Glycerin (zum Gurgeln), Magentropfen, Rhabarbertropfen (als Abführmittel), Balsam- oder Arnicatropfen (zur Desinfektion des Rachenraums), Kamillentropfen, Kirschlorbeertropfen (eine giftige Zyanidverbindung), Salmiakgeist (als Inhalt für Riechfläschchen), Opiumtropfen.

2. Pulver: Brustpulver (wegen der besonders angegriffenen Berufsgruppe der Mietkutscher auch »Fiakerpulver« genannt – ein Mittel gegen Husten), Brausepulver (gegen Magenübersäuerung), Chinin (als fiebersenkendes Mittel), Doweri (zur Förderung des Auswurfs bei Husten), Morfin (als schmerzstillendes Mittel) und Zahnpulver (zum Reinigen der Zähne), das nicht nur den Belag, sondern auch Teile des Zahnschmelzes beseitigte.

3. Salben: Crème celeste (»himmlische Creme«, eine

Hautcreme, der Rosenwasser zugefügt wurde) und Hirschtalg für die Fußpflege.

4. Tees: (Orange-)Pecco-Thee, Eibisch, Kamille, Käsepappel, Lindenblüten.

5. Verschiedenes: Diachylonpflaster (Bleipflastersalbe, als Zugsalbe eingesetzt), Englisch-Pflaster (stark klebendes Pflaster), Guttapercha-Leinwand, die – geharzt – ebenfalls selbstklebend war.

Außerdem verfügte man im kaiserlichen Haushalt über Pyramidon (ein Schmerzmittel) und Aspirin, das älteste registrierte Schmerzmittel (es trägt die Registriernummer 1), das von Bayer in Tablettenform hergestellt und schon damals unter teilweiser Zuhilfenahme von Maschinen gefertigt wurde (die Bayer AG mit Sitz in Leverkusen war 1863 von Friedrich Bayer als chemisches Unternehmen gegründet worden).

Die Rezeptsammlung der Hofapotheke enthält weiters Rezepte von verschiedenen Leibärzten für den Kaiser, worunter sich 1882 ein von Dr. Widerhofer verschriebenes Gurgelwasser (aus desinfizierendem Kaliumchlorid und Tinctura opii simplex) befindet. Im Januar 1883 verordnete Dr. Auchenthaler Pepsinpulver (das man in Flüssigkeit auflöste und als Magenstimulans oder als Verdauungshilfe einnahm), Magensäure-Tropfen (Acid. hydrochlor. dil.) und für den Aufenthalt in der Ofener Burg Rhabarber-Tropfen mit Malaga, Bittermittel und Magentropfen mit Wein. Für die jeweiligen Jagdaufenthalte wurde Salicyl-Pulver (ein fiebersenkendes, desinfizierendes Antibiotikum) und Chininpulver mitgegeben. Im April 1897 erhielt der Kaiser ein Codein-Hustenpulver gegen quälenden Husten. Im Juli 1899 verordnete der Leibarzt Dr. Kerzl Morphium- (ein schmerzstillendes Mittel) und Chinin-Pulver, gegen Schnupfen Mentholschnupfpulver nach Prof. Urbantschitsch, und im März 1901 Morphium-Cocain(betäubend)-Tropfen gegen Ohrenschmerzen.

Ab 1902 verwendete der Kaiser einen Inhalationsapparat und nahm Inhalationstropfen aus Natrium bromat. (schlaffördernd) sowie Rizinusöl, Klistiere und Morphium-Belladonna-Suppositorien (krampflösend bei Magen- und Gallenbeschwerden) gegen Verdauungsschwierigkeiten.

Alle Rezepte, die die Ärzte einem Mitglied des Kaiserhauses im Laufe der letzten Jahrhunderte verschrieben hatten, wurden an die k.k. Hofapotheke in der Stallburg weitergereicht, die die Mixturen zubereitete und der dem Patienten entsprechenden Kammer ablieferte. Einer sonderbaren Tradition folgend (die sicher auf einem Aberglauben fußte) mußten in der Hofapotheke jeweils genau dreizehn Apotheker für die Arzneien der Mitglieder des Kaiserhauses Sorge tragen, denen auch die pharmazeutische Betreuung der Minister, der Hofbeamten und der bedeutenden Persönlichkeiten der Wiener Stadtverwaltung oblag (die Anzahl von dreizehn Diensttuenden wurde bis Ende der sechziger Jahre unseres Jahrhunderts aufrechterhalten). Ein kurioses Detail am Rande: Sollte ein bestimmtes Medikament in Pillenform (Vorgänger der Tablette) an eine der vorgenannten Stellen geliefert werden, dann wurde es für den Kaiser, die Kaiserin und die Erzherzoge in einer extra mit Blattgold gefüllten kugelförmigen Dose gewälzt, für den Adel zweiter

Klasse und für hohe Staatsbeamte versilbert, während der Normalsterbliche mit dem klassisch weißen Stück vorlieb nehmen mußte. Wie man nicht vermuten würde, hat diese Art der Zubereitung nicht nur einen verschönernden Wert: Die Umhüllung verhindert, daß sich die Substanzen – anstatt im empfindlichen Magentrakt – erst im Darmbereich lösen.

Im Archiv der Hofapotheke wurden durch die Jahrhunderte die Krankheiten und möglichen Todesursachen aller Habsburger festgehalten. Die Apotheker waren auch – gemeinsam mit den Leibärzten – für die Einbalsamierung und Sezierung der Habsburger Leichname zuständig. Bekanntlich wurden die Herzen der Mitglieder des Kaiserhauses in Silberschalen in der Herzgruft der Augustinerkirche, die Eingeweide in Kupferkesseln in der St. Stephanskirche und die einbalsamierten Körper in der Kapuziner-Gruft am Neuen Markt bestattet.

Diese fremd anmutende Regelung geht auf eine sehr profane Absicht zurück: Jede der genannten Kirchen war – um an Attraktivität zu gewinnen – eifersüchtig darum bemüht, letzte Beherbergungsstätte der Habsburger zu sein. Erzherzog Franz Carl, der Vater Kaiser Franz Josephs, der 1878 starb, war der letzte Habsburger, dem die dreifache Bestattung zuteil wurde. Seine Gemahlin, Erzherzogin Sophie, die besonders viel auf Hausmittel hielt und zur längeren Gesunderhaltung täglich ein Glas Morgensauermilch trank, war sechs Jahre vor ihm an den Folgen eines verhängnisvollen Fehlers gestorben: Im Alter von siebenundsechzig Jahren war sie auf dem Balkon sitzend eingeschlafen, wobei sie sich eine so starke Verkühlung zuzog, daß sie verstarb.

Abgesehen von der Dreiteilung der Habsburger Leichname trieb auch die Balsamierungskunst sonderbare Blüten, wie es zum Beispiel am Leichnam der 1798 verstorbenen Erzherzogin Maria Amalia geschehen ist. Als die Tochter Kaiser Leopolds II., die seit ihrem zwölften Lebensjahr Vollwaise war und die von ihrem ältesten Bruder Kaiser Franz II. (I.) am Wiener Hof erzogen wurde, im Alter von nur achtzehn Jahren verstarb, überzog man nach Entfernung der Eingeweide den gesamten inneren Körper mit Seide und füllte die Leibeshöhle mit kostbaren orientalischen Spezereien und Tiroler Waldkräutern.

Der bevorzugte medizinische Betreuer Kaiser Franz Josephs war Dr. Josef Kerzl (geboren 1851), der zu seiner Zeit zu den populärsten Ärzten Österreichs zählte und der sich um die Erhaltung der Gesundheit des Kaisers überaus verdient machte. Kerzl war ursprünglich Regimentsarzt gewesen, bis er eines Tages nach Laxenburg beordert wurde, um die Tochter des Kronprinzen Rudolf, Elisabeth, zu behandeln. Später betreute er auch die Kinder der Erzherzogin Marie Valerie. Er wurde Stabsarzt und Assistent des kaiserlichen Leibarztes Dr. Widerhofer, bis ihm nach dessen Tod über die Vermittlung des Generaladjutanten des Kaisers, Graf Paar, selbst der hohe Posten angeboten wurde. Bis er den Dienst antreten konnte, waren allerdings noch einige Hürden zu nehmen, da der an einem bestimmten Tag für zehn Uhr zur Audienz Geladene erst eine Stunde später beim Kaiser erschien, was den

Monarchen empfindlich verstimmte. Kaiser Franz Joseph empfing ihn mißlaunig und wies ihn mit Hinweis auf die große Verspätung ab. Kerzl ließ sich durch den unwirschen Ton nicht entmutigen und entschuldigte sein Fehlverhalten mit einer unaufschiebbaren, lebensnotwendigen Operation im Garnisonspital. Daraufhin war der Kaiser versöhnlicher gestimmt und erkundigte sich nach der Identität des Kranken, um dessentwillen der Arzt sich verspätet habe. Auf die Antwort, daß es sich um einen Gemeinen des dreiundsiebzigsten Infanterie-Regiments gehandelt hatte, reagierte der Kaiser endlich mit einer versöhnlichen Geste. Er schüttelte dem Arzt die Hand, um ihn damit seiner Anstellung zu versichern. Von diesem Zeitpunkt fand Dr. Kerzl sich allmorgendlich – der Hofetikette entsprechend in Frack und mit weißer Krawatte – zur persönlichen Visite beim Kaiser ein. Auf die Kleidervorschrift scheint man im Kaiserhaushalt großen Wert gelegt zu haben, denn die Friseuse der Kaiserin hatte zum Beispiel täglich im Hofkleid mit langer Schleppe (ein Überbleibsel aus der Urzeit spanisch-burgundischen Hofzeremoniells) zum zweistündigen Frisierritual zu erscheinen. Dieser Kleiderzwang herrschte auch innerhalb privatester Veranstaltungen, er war offensichtlich sogar bei familiären Abendessen in Bad Ischl nicht zu umgehen: ». . . am 3. (November), wahrscheinlich um 7 Uhr abends, reisen wir (von Wien) ab, werden wahrscheinlich den 4. in Gmunden speisen und nachmittags in Ischl ankommen . . . ich möchte sehr, daß Sisi in den wärmsten Stunden über den See fährt (sie war nach der Geburt des Thronfolgers Rudolf wochenlang mit einer fiebrigen Erkältung darniedergelegen) und daß sie sich in Ischl nicht mehr zu einem Diner umzuziehen braucht, sondern möglichst bald zur Ruhe kommt.« (Brief Kaiser Franz Josephs an seine Mutter, 25.9.1858)

Dieser Geist herrschte bis zum Ende der Monarchie, und auch Kaiser Franz Joseph stand ihm nicht abgeneigt gegenüber. Als er eines Tages mit einer Bronchitis schwerkrank darniederlag, und man Doktor Kerzl in aller Eile holen ließ, erschien dieser ungehörigerweise im Tagesrock, was von dem hohen Herrn nicht unbemerkt blieb. Kaum hatte sich das Befinden des Kaisers gebessert, sprach er dem Arzt seine Rüge aus und wies ihn an, in Hinkunft dem Anlaß entsprechend zur Krankenvisite in Frack und weißer Krawatte zu erscheinen.

Das traditionelle Festhalten an der Etikette, das die Habsburger über Jahrhunderte hindurch akribisch genau nahmen, zeitigte mitunter auch tragische Folgen: König Philipp III. von Spanien, ein Enkel Kaiser Karls V., lag wegen einer Erkältung zu Bett. Neben dem Krankenlager hatte man ein tragbares, mit Kohle zu beheizendes Öfchen in Beckenform aufgestellt. Der davon ausgehende Rauch belästigte den ohnehin an Atemnot leidenden Herrscher, weshalb der Kammerjunker den Herzog von Alba bat, das Stück entfernen zu lassen. Der Herzog lehnte die Verrichtung dieser würdevollen Aufgabe mit der Bemerkung ab, daß diese Ehre allein dem Leibkellermeister zustünde. Als dieser nach langem Suchen aufgefunden und herbeigeholt werden konnte, hatte der König schon soviel Kohlengas eingeatmet, daß er an den Folgen der Vergiftung starb.

Doktor Kerzl, der Leibarzt Kaiser Franz Josephs, stieg trotz mehrfacher Vergehen gegen die Hofetikette zum k.k. Geheimen Rat auf und wurde mit der Würde eines Hofrats bedacht. Er betreute – in ernsteren Fällen unter Zuziehen von zwei Universitätsprofessoren – den Kaiser bis zu dessen Ableben im Jahr 1916. Wenn der Arzt auf Urlaub war oder wenn er aus anderen Gründen an einer Reise des Kaisers nicht teilnehmen konnte, dann erkundigte er sich beinahe täglich per Brief über dessen Befinden.

Als er eines Tages selbst zur Kur in Abbazia weilte, verfaßte er am 10. Februar 1907 folgendes Schreiben, das er dem Leibkammerdiener Eugen Ketterl zukommen ließ: »Geehrter Herr Ketterl! Haben Sie die große Güte, folgendes zu veranlassen, da ich sonst hier keine Ruhe hätte: der diensthabende Herr Kammerdiener soll auf meine Bitte hin die Güte haben, nur mit ein paar Worten über das Befinden Sr. Majestät zu schreiben. Sollte sich etwas einstellen z.B. die Hämorrhoiden öfter zurückzukriegen sein (sic), so käme ich unbedingt zurück. Wenn Jeder die Güte hat, an dem Tage, wo er Dienst hat, nur ein paar Worte zu schreiben, so habe ich täglich Nachricht und bin ruhig. Ich lege einstweilen die Marken bei. Bitte auch über Sie Nachricht. – Mit den besten Empfehlungen an Alle Ihr ergebenster Dr. Kerzl.«

Daß Dr. Kerzl auch Humor besaß, bezeugt ein von ihm selbst erfundenes und gerne kolportiertes Wortspiel: »Für die Gesundheit der meisten europäischen

Monarchen sorgen überall die berühmtesten Leuchten der Wissenschaft, nur Kaiser Franz Joseph begnügt sich mit einem Kerzl.«

Während des Ersten Weltkriegs wollte der Arzt den greisen Monarchen so gut wie möglich vor Aufregungen schützen, weshalb er empfahl, nur die wirklich notwendigen Meldungen an ihn weiterzuleiten. Er versuchte mit allen Mitteln, ihm den Ernst der Lage vorzuenthalten und ihn in einem Zustand der Selbsttäuschung zu belassen, welche Methode er als »hygienische Behandlung« bezeichnete.

Nach dem Tod des Kaisers hat Dr. Kerzl seine Amtswohnung im Kavalierstrakt des Schönbrunner Schlosses zu einem Museum umgestaltet. Auf den Tischen standen Fotografien der höchsten und »Allerhöchsten« Patienten, Aquarelle, Alben, Erinnerungen an Kaiser-Geburtstage in Bad Ischl ebenso wie an Krankheiten und Rekonvaleszenzen. An den Wänden hingen Gamskrickeln und Geweihe jener Tiere, die der Arzt als Begleiter des Kaisers in dessen Revieren erlegt hatte.

In diskreten Andeutungen, die für den Arzt sehr typisch waren, bemerkte Dr. Kerzl später, daß er zum kranken Kaiser eigentlich nur kommen durfte, wenn man ihn auf irgendjemandes Anweisung hinbestellte. Oft verständigte der Leibkammerdiener Ketterl die Kaisertochter Marie Valerie auf Schloß Wallsee, und erst diese wandte sich an den Leibarzt des Vaters, um ihn zu ihm zu bitten. Bis es endlich so weit war, daß Dr. Kerzl zum Kaiser vorgelassen wurde, hatte sich dessen Zustand oft schon gebessert. Kaiser Franz Joseph liebte es, sich selbst zu kurieren oder eine Verkühlung gar nicht als solche anzuerkennen, weshalb sich der Arzt oft darauf beschränken mußte, vom Kammerdiener heimlich in das ans kaiserliche Arbeitszimmer angrenzende Dienerzimmer geführt zu werden und – hinter der angelehnten Tür horchend – die Gefährlichkeit des kaiserlichen Hustens als mehr oder weniger bedeutend diagnostizierte. Als Kaiser Franz Joseph einige Jahre vor seinem Tod ernstlich erkrankte, aber sich vehement weigerte, den Schreibtisch zu verlassen und ihn gegen das Bett zu vertauschen, behandelte ihn der Arzt buchstäblich »durchs Schlüsselloch«.

Doktor Kerzl anerkannte die Meinung des Kaisers, daß nur der ein guter Arzt sei, der so wenig wie möglich empfangen werden muß. Also stand ihm an vielen Krisentagen keine andere Möglichkeit offen, als um drei Uhr morgens im Schönbrunner Schloßhof das Bulletin des jeweiligen Kammerdieners über die kaiserliche Nachtruhe zu erwarten. Außerdem befragte er alle Personen – Minister, den Kabinettsdirektor, Beamte und andere Besucher –, die während des Tages beim Kaiser in Audienz erschienen waren, nach den geringsten Kleinigkeiten im Befinden des Kaisers. Sie mußten ihm genau berichten, ob und wie oft sich der Kaiser geräuspert hatte, ob die Stimme belegt geklungen hatte, ob ein Auswurf vorhanden war, und der Kammerdiener hatte die Pflicht, ihm das letztbenutzte kaiserliche Taschentuch zu übergeben.

Dr. Kerzl verstarb im Juni 1919 im neunundsiebzigsten Lebensjahr, drei Jahre nach dem Tod seines hohen Patienten.

Eine typische Charaktereigenschaft des Kaisers war,

selbst als Kranker nicht als solcher behandelt werden zu wollen. Außerdem empfand er sich als körperlich immun und hatte nicht die geringste Angst, von Kranken Infektionen übertragen zu bekommen. Als das Kaiser Franz Joseph-Spital in Wien, auf der Triester Straße gelegen, fertiggestellt worden war, stattete er den dort Bediensteten einen Besuch ab und unterhielt sich mit den Beschäftigten ebenso wie mit den Kranken. Am Ende der Führung angelangt, bemerkte er einen Trakt, der nicht besichtigt worden war, weshalb er sich sofort nach dem Zweck der Spitalsanlage erkundigte. Es handelte sich um die hauseigene Desinfektionsanstalt, wo die Wäsche der Diphtherie- und Scharlachkranken keimfrei gemacht wurde. Als der Kaiser bat, sie besichtigen zu dürfen, äußerten seine Begleiter ihre Bedenken wegen der Ansteckungsgefahr, die der Kaiser mit einer Handbewegung abtat: »Wenn Sie sich fürchten, ich habe keine Angst.« Interessiert betrat er die Räumlichkeiten und ließ sich eingehend über Zweck und Funktion der Desinfektionsapparate aufklären.

9
»Die Herumrutscherei beim Fußwaschen hat meinem Rücken nicht geschadet ...«

Gründonnerstag in der Hofburg

Zu den von Kaiser Franz Joseph sehr ernstgenommenen Pflichten zählte die Gründonnerstags-Fußwaschungszeremonie, die zwischen acht und neun Uhr morgens mit der Aufstellung des Militärs in Paradeuniform im Schweizer Hof begann. Daraufhin folgte die Einfahrt der Geheimen Räte, der Kämmerer, Truchsesse, Generale, sowie der Stabs- und Oberoffiziere. Gemeinsam mit dem Kaiser und den Erzherzogen feierte man das Hochamt in der Hofpfarrkirche (Burgkapelle), danach fand die Zeremonie der Fußwaschung im marmornen Zeremoniensaal statt.

Jährlich wurden in den Versorgungs- und Altersheimen die zwölf ältesten und würdigsten, aber auch ärmsten Greise Wiens ausfindig gemacht, die sich am Donnerstag nach dem Aschermittwoch um zehn Uhr mit einem Ansuchen bei Hof einzufinden hatten. Wenn dem stattgegeben worden war, ließ man ihnen neue Kleider und Schuhe – traditionsgemäß altdeutsche Trachten – nach Maß anfertigen. In den Kostümen stellten sie während der Zeremonie die Apostel dar.

Am Dienstag vor dem Gründonnerstag reinigte der

Leibarzt oder ein Hofarzt des Kaisers den Leuten die Füße und attestierte deren Gesundheitszustand, um vom Monarchen das Risiko des Angestecktwerdens abzuwenden. Am darauffolgenden Tag legten die Auserwählten die Beichte ab, um am Gründonnerstag bei der Messe kommunizieren zu können. Danach erhielten die alten Leute ein Frühstück, anschließend führte man sie in Begleitung ihrer Angehörigen zu ihren Plätzen im Zeremoniensaal.

Es folgte ein Schauessen, das aus vier Gängen bestand und das der Kaiser unter Mithilfe von Erzherzogen und Erzherzoginnen symbolisch kredenzte: Das heißt, die Speisen wurden zwar aufgetragen, von den Leuten aber nicht verspeist. Die meisten dieser hochbetagten Menschen empfanden die gesamte Zeremonie als einen sehr aufregenden Höhepunkt ihres Lebens und hätten vor so hohem Publikum die Speisen nicht einnehmen können. Deshalb ließ man sie vor der Zeremonie in aller Ruhe gemeinsam frühstücken und entschädigte sie für das Schauessen mit einem mehrgängigen Menü, das man ihnen nach Hause mitgab.

Nach dem Schauessen schritt man zur eigentlichen Fußwaschung. Hausoffiziere (Tafeldecker) und Begleitpersonen der Greise zogen den zwölf alten Männern und Frauen die Schuhe aus und streiften deren rechten Strumpf ab. Dann breiteten sie ein langes, weißes Leinentuch über deren Kniee. Der Hofkaplan stimmte das Evangelium an. Wenn er die Stelle ». . . et coepit lavare pedes descipulorum« erreicht hatte, kniete der Kaiser nieder. Zwei Prälaten beugten ebenfalls ihre Kniee, wobei der eine aus einer Schenkkanne Was-

9 Enkel des Kaisers (Kinder der Tochter Marie Valerie) im August 1908 in Bad Ischl

10 Kinder der Erzherzogin Marie Valerie anläßlich einer Festaufführung zum Geburtstag des Kaisers am 18. August in Bad Ischl

11 Kaiser Franz Joseph, sein Schwiegersohn Prinz Leopold von Bayern und Enkel Georg auf der Jagd

12 Prinz Otto zu Windischgraetz, Graf Georg Waldburg-Zeil und Graf Otto Seefried – Schwiegerenkel des Kaisers

13 Der König von Sachsen auf der Jagd bei Wien 1903

14 Fußwaschung in der Hofburg

15 Erzherzogin Marie Therese, Schwägerin Kaiser Franz Josephs und ranghöchste Erzherzogin, die den Kaiser als Stellvertreterin Elisabeths bei offiziellen Anlässen begleitete

16 Einzug Kaiser Franz Josephs in Berlin 1900

ser über die entblößten Füße der Greise goß und der andere das Wasser mit einer Schüssel auffing.

Der Monarch glitt auf den Knieen von Greis zu Greis, wusch deren Füße, trocknete sie ab und küßte sie. Nach der Waschung überreichte er jedem von ihnen einen weißledernen, mit dreißig Silberkronen gefüllten Beutel, den er mit Hilfe der daran befestigten schwarzgelben Schnüre um den Hals der Greise hing. Nach Beendigung der Zeremonie ließ man die Stadtältesten in Hofkutschen nach Hause bringen.[1)]

Wenn die Kaiserin in Wien weilte, vollzog sie denselben Akt an zwölf Greisinnen. Ein Artikel des Illustrierten Wiener Extrablattes vom Sonntag, dem 9. April 1882, erinnert an eine vom Kaiserpaar gemeinsam vollführte Gründonnerstags-Fußwaschung.

»Der erhebende Erinnerungsact, den das kaiserliche Paar alljährlich am Gründonnerstag an zwölf alten Männern und an eben so vielen alten Frauen vollzicht, ruft in den betreffenden Familien, denen es beschieden ist, ihr ältestes Mitglied zu dieser Ceremonie entsenden zu dürfen, allemal eine freudige Bewegung hervor . . . ein Hofwagen holt die Greisin ab, ein Hofwagen bringt sie wieder nach Hause, und bei ihrer Rückkehr wird ihr förmlich ein Füllhorn nachgetragen, das seine reichen Schätze in den Schoß der Familie ausgießt. Die Matrone selbst kehrt in dem feierlichen Habit zurück, das ihr

[1)] Man vgl. mit der Bemerkung des siebzigjährigen Kaisers: »Gestern war die Fußwaschung wie gewöhnlich . . . Die Herumrutscherei beim Fußwaschen hat meinem Rücken nicht geschadet, und auch Prälat Marschall, der das Wasser aufgoß, hat weniger gekeucht, wie sonst.« (Aus einem Brief Kaiser Franz Josephs an Katharina Schratt, 13. 4. 1900)

für die Ceremonie angelegt wurde. Um den Hals hängt ihr . . . das Beutelchen mit dreißig Silberlingen. Hoflakaien tragen ihr eine mächtige Schachtel mit Zuckerwerk, von dem jedes einzelne Stück die Bilder des Kaisers, der Kaiserin und des Kronprinzenpaares zeigt, einen Korb mit Fastenspeisen und einen Krug voll frohmachenden Weines nach. Namentlich der Krug hat seine Geschichte. Es werden für die Theilnehmer an der Fußwaschung alljährlich dreißig solcher (Keramik-)Krüge aus einer Fabrik am Rhein bezogen, die den kaiserlichen Adler auf Goldgrund zeigen; am Halse des Kruges befindet sich ein weißer Rand, in dem die Buchstaben F.J.A.E.I.O.U. eingebrannt erscheinen . . .«

Seit dem Jahr 1909 fand die Fußwaschung in der Hofburg nicht mehr statt, doch wurden weiterhin je zwölf Greise und Greisinnen mit den üblichen Gaben beschenkt. Im Jahr 1915 war der älteste »Apostel«, August Maly, 91 Jahre alt, die Gesamtalterszahl der Greise betrug 1074 Jahre; die älteste Frau, Agathe Brabak, war 95 Jahre alt, die jüngste 89, und deren Gesamtalterszahl belief sich auf 1083 Jahre.

10
Conte Don José Maroto de Fresno y de Landres und andere Goldmacher Kaiser Franz Josephs

Über alchimistische Versuche im 19. Jahrhundert

Wenn im folgenden vom Goldmachen in der Hofburg unter dem Protektorat Kaiser Franz Josephs gesprochen wird, so soll zumindest vorweggenommen werden, daß er nicht der erste gutgläubige Herrscher war, der dabei einer trickreichen Gaunerbande aufsaß.

Im Jahr 1700, als die Alchimie in ihrer höchsten Blüte stand, experimentierte ein gewisser Don Domenico Emanuelo Gaetano, Graf von Ruggiero, in Brüssel im Haus der Gräfin Arco in einem eigens für ihn eingerichteten Laboratorium. Angeblich war er 1670 als Sohn des Grafen Gian Battista Ruggiero in Neapel geboren worden, vielleicht aber auch als Bauernsohn, wie in anderen Berichten überliefert ist. Wie auch immer – der kurfürstliche Statthalter der spanischen Niederlande, Max II. Emanuel von Bayern, war von den chemischen Kunststücken Ruggieros so fasziniert, daß er ihn bald zum Obersten und später zum Generalfeldmarschall ernennen ließ. Aber die große Sehnsucht des Kurfürsten, Gold aus unedlen Metallen herzustellen, konnte auch er ihm nicht erfüllen. Als Ruggiero seine Unfähigkeit nicht länger verbergen konnte, floh er aus Brüssel. Er wurde aber bald ergriffen und unter strenger Bewachung wieder angehalten, Gold zu produzieren, was ihm natürlich nicht gelang. Eines Tages rettete er sich vor dem Verlangen seines Arbeitgebers durch einen Sprung aus dem Fenster. Abermals aufgegriffen wurde er als Gefangener nach München gebracht. Man strengte den Prozeß gegen ihn an, in dessen Folge er zu lebenslänglichem Kerker verurteilt wurde. Das war im Jahr 1698, und der Kurfürst vertraute noch immer auf die Kunst dieses Scharlatans. Im Gefängnis stellte man ihm Destillationsgefäße, alle nötigen Instrumente und Grundstoffe zur Verfügung, mit Hilfe derer man vermeinte, Gold herstellen zu können. Die Wächter zeigten großes Interesse an den Experimenten, bis Ruggiero sie eines Tages einlud, an einem solchen teilzunehmen. Im Verlauf des Versuchs betäubte er sie mit giftigen Dämpfen und trat daraufhin ungehindert den Weg in die Freiheit an.

Ohne finanzielle Mittel, aber reich an Ideen und neuen Plänen, kam er nach Wien, wo er Kontakte zu den Vornehmen und Reichen der Stadt knüpfte. Er führte aufwendige Kunststücke vor und gelangte über die Vermittlung einer bedeutenden Wiener Persönlichkeit bis in die Hofburg zu Kaiser Leopold I., der sich sofort für die Experimente begeisterte und Kardinal von Kollonitsch beauftragte, an Ruggiero zwecks Weiterführung der Arbeiten sechstausend Gulden zu bezahlen.

Der Kardinal erahnte sehr bald, daß hier ein Betrüger am Werk war und daß er von dem Geld nicht mehr viel sehen würde. Inzwischen hatte Ruggiero mit einem Mitglied des Kaiserhauses einen Vertrag abgeschlossen, demzufolge er bis zu einem festgesetzten Termin für 72 Millionen Gulden Gold herstellen würde. Es gelang ihm nicht nur, diesen Termin immer wieder hinauszuzögern, sondern er führte in Wien auch ein Leben in glänzender Stellung bei Hof. Zuletzt verheiratete er sich mit Maria della Torre, die bis an ihr Lebensende treu zu ihm hielt.

Den immer dringlicher werdenden Verpflichtungen entzog er sich durch abermalige Flucht. Erst tauchte er in Berlin auf, dann zog er weiter nach Stettin, das damals vom schwedischen Gouverneur Graf von Mellin verwaltet wurde. Ruggiero lieh allerorts Gelder und verschwand aus Stettin, um in Hamburg Aufenthalt zu nehmen. Dort wurde er im Auftrag zahlreicher Gläubiger festgenommen. Zwischendurch verlieren sich seine Spuren, bis er am 12. Juni 1706 wieder in Berlin auftauchte, wo inzwischen eine Klage des Kardinals Graf Leopold von Kollonitsch auf Rückzahlung der sechstausend Gulden eingegangen war. Ruggiero wurde abermals inhaftiert und auf die Festung Küstrin gebracht.

Aber auch König Friedrich Wilhelm I. zeigte Interesse an seiner Goldmacherkunst. Neuerlich wurde ihm ein Laboratorium eingerichtet, man stellte ihm Assistenten zur Seite, die sich allerdings ausschließlich aus Beobachtern, Wächtern und sogar aus dem Festungskommandanten zuammensetzten. Auch sie verfielen bald dem Zauber Ruggieros, sodaß der König sich sogar überreden ließ, ihn zu enthaften. Er beauftragte den Festungskommandanten, General von Schlabrendorf, den Grafen von Ruggiero in seinem vierspännigen Wagen persönlich nach Berlin zu begleiten.

Am 19. Februar 1707 erreichte man Berlin, wo der König Ruggiero gnädig empfing und ihm eine eigene Wohnung zur Verfügung stellte. Weiters wurde das Hofmarschallamt angewiesen, ihn täglich – mittags mit zehn, abends mit acht – Schüsseln Speisen von der Hoftafel, Burgunder, Rhein- und Moselweinen, Champagner und Wachslichtern zu versorgen. Ruggiero gab glänzende Gesellschaften und wiegte sich in der Sonne der königlichen Gunst. Als er aber eines Tages angewiesen wurde, sofort »einen halben Zentner Gold in natura« zu liefern, wurde ihm klar, daß nun wieder der Zeitpunkt der Flucht gekommen war. Mit seiner Ehefrau entkam er nach Frankfurt am Main. Aber der Arm des preußischen Königs erreichte ihn auch dort, und er wurde wieder verhaftet. Auf dem Weg nach Berlin hielt man jedoch den Zug mit Bewachung und Gefangenem in Kassel an und brachte Ruggiero zum Landgrafen von Hessen-Kassel, der seine Protektion anbot. Allerdings knüpfte auch er die Bedingung daran, eine Probe der Goldmacherkunst vorgeführt zu bekommen. Da Ruggiero wußte, daß ihm eine Zusage nicht weiterhelfen würde, lehnte er das Angebot dankend ab.

Am 8. Februar 1708 landete Ruggiero abermals in der Festung Küstrin. Das Untersuchungsverfahren wurde eingeleitet, und das Schicksal des Scharlatans schien entschieden. Da wurde die Untersuchung plötzlich auf königlichen Befehl unterbrochen: man sollte dem Grafen nochmals ermöglichen zu »tingieren«. Das Spiel von früher wurde wieder aufgenommen. Öfen wurden errichtet, Gelder bewilligt und überwiesen, Materialien beschafft.

Als aber im Sommer 1709 noch immer kein Gold aus Küstrin geliefert wurde, fällte das Kriminalgericht per 2. August das Urteil: Ruggiero sollte mit dem Strang vom Leben zum Tod gebracht werden. Am 23. August fand die Exekution statt, die – den damaligen Gesetzen entsprechend – um einen Unterhaltungswert bereichert wurde. Man hatte für Ruggiero einen Leinenanzug anfertigen lassen, der wie der Querbalken des Galgens über und über mit Flittergold bedeckt worden war.

Ein ideeller Nachkomme Ruggieros, der dem damaligen Kaiserpaar Franz Stephan und Maria Theresia zu Reichtum verhelfen wollte, war der sogenannte Goldmacher von Rodaun. 1746 hatte sich ein gewisser Herr Sehfeld im Rodauner Badehaus im Süden Wiens zur Kur einquartiert, der sich das Vertrauen des Bademeisters mit ständigen Zahlungen in Goldstücken erkaufte. Bald wurde ihm ein Kellerraum für nicht näher bezeichnete »private Arbeiten« zur Verfügung gestellt, ebensobald verliebte sich Sehfeld in die schöne Tochter des Bademeisters und feierte mit dieser Verlobung. Ihr vertraute er das Geheimnis seines Lebens an. Er verstünde nicht mehr und nicht weniger, als aus minderen Stoffen Gold herzustellen, und er bat sie, dieses Wissen für sich zu behalten.

Die Braut vermochte aber nicht, darüber zu schweigen, und bald drang das Gerücht hinaus auf die Straße.

Es dauerte nicht lange, bis es auch schon seinen Weg in die Hofburg fand. Eines Nachts drang die Rumorwache im Rodauner Badehaus ein, bemächtigte sich Sehfelds und schleppte ihn in die Innenstadt. Er wurde vor ein Tribunal gestellt, das ihn der Zauberei bezichtigte. Nichtsdestotrotz bemühte man sich, ihm das Rezept zur Goldherstellung zu entlocken, wobei man sich nicht scheute, auch die Mittel der Folter anzuwenden, da die kaiserliche Schatulle Goldnachschub bitter nötig hatte.

Doch Sehfeld schwieg standhaft und wurde daraufhin auf die Festung Temesvár in Ungarn verbannt. Es folgten etliche Szenen, die den Lebensabschnitten Ruggieros nicht unähnlich sind. Auch dort interessierte sich der Festungskommandant für die Kunst des Häftlings. Er stellte ihm nicht nur die für die Experimente nötigen Einrichtungen zur Verfügung, sondern er setzte sich auch dafür ein, daß das Verfahren gegen Sehfeld wieder aufgenommen wurde. Eine Eskorte brachte den Delinquenten nach Wien, wo ihn diesmal niemand anderer als Kaiser Franz I. Stephan selbst zu sprechen wünschte.

Sehfeld zeigte sich bereit, in einer Zusammenkunft allein mit ihm, das Experiment des Goldmachens vorzuführen. Er benötigte dafür einen kleinen, dunklen Raum, einen Gänsekiel, ein Blatt Papier mit des Kaisers Unterschrift, ein paar Geräte und einige Rohstoffe (Galläpfel, Eisenvitriol und Gerbsäure), die schnell herbeigeschafft waren. In Vorfreude auf den Goldregen unterschrieb der Kaiser das Papier, in der Meinung, es bilde einen magischen Bestandteil des Experiments.

Wenig später trafen der Kaiser und Sehfeld einander in einem fensterlosen Kellergemach eines Seitentrakts der Hofburg. Auf einem improvisierten Herd entzündete Sehfeld ein kleines Feuer und inszenierte vor den aufgeregten Blicken des Kaisers eine Darbietung mit beeindruckenden Effekten. In Wahrheit erzeugte er aus den Galläpfeln, dem Eisenvitriol und der Gerbsäure nichts anderes als Tinte. Während die Blicke des Kaisers fasziniert auf den über dem Feuer glühenden Eisenstücken ruhten, verfaßte Sehfeld mit der eben gewonnenen Tinte und dem Gänsekiel auf dem Blatt mit der kaiserlichen Unterschrift einen Passierscheintext, der auf seinen Namen lautete. Dann zertrümmerte er mit einem Schlag die Gerätschaft, löschte das Feuer mit kochendem Wasser und nützte den Augenblick der Überraschung zur Flucht aus dem Raum. Wie sich sein weiterer Lebensweg fortsetzte, darüber schweigt die Geschichte.

Zu Zeiten Kaiserin Maria Theresias experimentierte auch ihr Leibarzt van Swieten mit Metallen. Auf diese Idee war er nach dem Tod seines Lehrers Boerhaave verfallen. Letzterer hatte seiner Tochter ein Millionenvermögen in holländischen Gulden hinterlassen, weshalb er in den Geruch der Goldmacherei gekommen war. Van Swieten wurde durch die Vermutungen ermuntert, es seinem Vorbild gleichzutun, wurde aber durch ständige Mißerfolge derart verbittert, daß er nach Beendigung seiner Arbeiten alle Verteidiger der Wissenschaft mit Haß verfolgte und sämtliche Schriften und alles Lehrgut darüber aus der Hofbibliothek entfernen ließ.

Doch zurück zur Goldmacherepisode unter Kaiser Franz Joseph. Die Akten und der historisch gewordene Schriftverkehr bilden ein eigenes Konvolut im Österreichischen Staatsarchiv.

In den letzten Monaten vor dem tragischen Tod Maximilians, des nächstgeborenen Bruders Kaiser Franz Josephs und spätberufenen Kaisers von Mexiko, waren drei raffinierte Abenteurer bis zu ihm vorgedrungen, um ihn von einer von ihnen geheim betriebenen Wissenschaft in Kenntnis zu setzen. Der eine von ihnen, ein Sizilianer mit Namen Antonio Jimenez de la Rosa, hatte zunächst in der Armee Kaiser Napoleons III. gedient und war später bei der mexikanischen Polizei als Sous-Chef tätig. Der zweite war ein sogenannter »Erzpriester«, Romualdo Roccatani aus Neapel, und der dritte im Bunde ein – wahrscheinlich selbsternannter – spanischer Grande und Ex-Oberst in der Parteiarmee des Don Carlos, Conte Don José Maroto de Fresno y de Landres. Diese verschworene Dreiergemeinschaft gab an, Silber in Gold umwandeln zu können. Das Geheimnis ihrer Kunst wollten sie nur einem Mitglied des Hauses Habsburg anvertrauen.

Bald nach der Erschießung Maximilians im Juli 1867 schifften sich die drei Männer gemeinsam mit einigen hundert Österreichern nach Europa ein, wofür das österreichische Ministerium des Äußeren die Kosten von dreihunderttausend Francs über das Wechselhaus Rothschild in Paris zur Verfügung gestellt hatte. Über Paris nach Wien gelangt, stiegen die drei Goldmacher am 1. September 1867 im Hotel »Zu den vier Jahreszeiten« am Petersplatz 9 ab und bezogen dort ein gemeinschaftliches Zimmer. De la Rosa bat den aus Mexiko zurückgekehrten General Graf Thun um einen Audienztermin bei Kaiser Franz Joseph. Über dessen Fürsprache veranlaßte der neu ernannte Generaladjutant Graf Bellegarde einen Vorsprechtermin für den 19. September. Man erzählte dem Kaiser, daß man sich schon lange Zeit damit beschäftigte, Silber in Gold umzuwandeln, und bat gleichzeitig um strikte Wahrung dieses Geheimnisses. Für den Fall, daß der Kaiser Experimente vorfinanzieren würde, bot man ihm eine beträchtliche Gewinnbeteiligung. Kaiser Franz Joseph hat sich niemals eingehend mit irgendeiner Art von Wissenschaft beschäftigt, weshalb er durch die professionell wirkenden Vorträge leicht vom Erfolg des Unternehmens zu überzeugen war. Die Staatskassen waren nach mehreren Kriegen, vor allem durch die im Jahr zuvor verlorene Schlacht von Königgraetz, ziemlich ausgeschöpft, und eine Auffüllung wäre ihm recht willkommen gewesen.

Am 20. September legten die drei selbsternannten Wissenschaftler ihr Programm vor und reichten per 4. Oktober eine Niederschrift über den geheimen Prozeß der Edelmetall-Umwandlung zur Überprüfung ein. Natürlich bedingte sich der Kaiser eine Überlegungsfrist aus und beauftragte einen Vertrauensmann in der Person Dr. Anton Schrötters, eines Professors der Chemie am Polytechnischen Institut, mit der Untersuchung der Erfindung.

Schon an dem der Niederschriftsvorlage folgenden Sonntag wurden die drei Goldmacher abermals empfangen. Sie baten um baldige Lieferung der vereinbarten fünf Millionen Silbergulden von der Münze (dem Münzamt). Außerdem forderten sie die Beistellung von vier geistig minderbemittelten Handlangern mit dem Vorwand, das Geheimnis gewahrt sehen zu wollen. Ein Laboratorium wurde eingerichtet, das unter strengem Verschluß gehalten werden mußte.

Am 10. Oktober 1867 gab Prof. Schrötter sein Gutachten über die geplanten Projekte ab, wobei er erste Bedenken äußerte und vorschlug, daß die Leute vor Erteilung des Auftrags eine Probe ihres Könnens ablegen sollten. Man vereinbarte einen Versuchstermin in Anwesenheit Schrötters mit nur einem halben Pfund Feinsilber, wobei dem Wiener Wissenschaftler die Kontrolle aller Vorgänge oblag.

Die drei Männer willigten ein und planten dasselbe zu tun, was schon einhundertfünfzig Jahre vor ihnen Johann Friedrich Böttger, der unfreiwillige Erfinder des Porzellans, Kurfürst August dem Starken vorgeführt hatte: Aus einer Mischung von Gold und Quecksilber läßt man durch Verdampfen das Quecksilber entweichen, wodurch reines Gold im Gefäß zurückbleibt. Ein Stückchen Goldamalgam wird während des Experiments in die Gefäße hineingeschmuggelt, und jeder beim Versuch Anwesende kann sich vor Ort von der Echtheit des Metalls überzeugen.

Auch Schrötter ließ sich davon täuschen, als er am 3. März 1868 nach Untersuchung von sechs Experimentierkolben im siebenten eine kleine Menge geschwärzter Körner als Gold erkannte. Das gab dem Unternehmen den ernsthaften Anstrich. Man erteilte den Männern die Erlaubnis, mit den Versuchen zu beginnen. Die Direktion der Familienfondskassa übermittelte am 31. März 1868 achtzehntausend Gulden an die Goldmacher, nachdem vorher schon verschiedene Zahlungen geleistet worden waren. Schrötter erhielt im Zug der Experimente den Titel eines Ministerialrats und wurde Direktor der Münze.

Für weitere Versuche übergab man 170 Zentner Silber und 1360 Zentner Quecksilber im Wert von 197 200 Gulden.

Roccatani schlug wegen der besseren Geheimhaltung des Projekts vor, die Arbeiten auf einer einsamen Insel durchzuführen, was Schrötter aber abzuwenden gelang. Er ließ das Laboratorium in der Münze (im heutigen Hauptmünzamt im dritten Bezirk) einrichten, wo die entsprechenden Öfen und Apparate vorhanden waren und jeder Vorgang überwacht werden konnte. Die Kosten für das gesamte Experiment (abzüglich der schon übermittelten Gelder) wurden mit einer Million dreihunderttausend Gulden veranschlagt.

Schrötter bemerkte in einem Schreiben vom 9. August 1868 an Staatsrat Braun, daß bei weiteren Versuchen kein Gold mehr zustande gekommen war und bat wegen seiner Zweifel am weiteren Erfolg des Unternehmens um eine Audienz beim Kaiser.

Auch der Direktor der Kabinettskanzlei, Staatsrat Ritter von Braun, und der Kabinettssekretär, Regierungsrat Karl Hofmann, hegten den drei Laboranten gegenüber Mißtrauen, ließen sie in der Folge durch neu eingesetzte Assistenten überwachen und erkannten bald den Betrug.

Trotzdem erhielten die Spanier auch noch in den folgenden Monaten finanzielle Unterstützung, bis Staatsrat Braun am 14. Oktober 1869 veranlaßte, weitere Zahlungen einzustellen. Das letzte Schreiben Schrötters vom 22. Juni 1870 bestätigt, daß nach achtzehn Monaten des Experimentierens kein Gramm Gold gewonnen werden konnte und daß die Arbeiten mit sofortiger Wirkung einzustellen seien. Nach beinahe zwei Jahren war man zur Ansicht gekommen, daß die Versuche nichts als Kosten verursacht hatten.

11
»Die Autofahrt war mir ganz angenehm, aber meine Lipizzaner sind mir doch lieber«

Über die Reisen des Kaisers

Die Geschichte der modernen Beförderung des österreichischen Kaiserhauses nahm im Jahr 1832 ihren Anfang, als Kaiser Franz II. (I.) und seine Gemahlin, Karoline Auguste, in einem gut gefederten und gepolsterten offenen Kutschenwagen der ersten Pferdebahn des Kontinents die Strecke Linz–Budweis besichtigten. Das Paar verließ sie allerdings schon bei St. Magdalena, wodurch sich die dort lebenden Menschen so geehrt fühlten, daß sie dem Kaiser als Dank für den Kurzaufenthalt ein Denkmal errichteten. Als sich nach und nach die Dampfeisenbahn durchsetzte, die immer komfortableres und schnelleres Reisen ermöglichte, gaben die Mitglieder des Kaiserhauses den Bau eigener Hofwagen in Auftrag, die prunkvoll und – dem neuesten Stand der Technik entsprechend – praktisch ausgestattet wurden. Der im Technischen Museum in Wien ausgestellte Schlafwagen der Kaiserin Elisabeth, der im Jahr 1873 von der Waggonfabrik in Wien Simmering gebaut wurde, zeugt von vornehmer, aber auch technisch wohldurchdachter Einrichtung.

Mit immer dichter und umfangreicher werdendem Eisenbahnnetz machten es sich die diversen Eisenbahnverwaltungen zur Ehre, die Hofzüge des Kaisers selbst zur Verfügung zu stellen. Kaiser Franz Joseph konnte zwar dem Reisen wenig erfreuliche Seiten abgewinnen, er empfand es aber zumindest als angenehm, den Weg zu den vielen laufenden Verpflichtungen wie Truppenbesichtigungen, Manövern, Eröffnungen von Schulen, Spitälern, Theatern usf. im eigenen Eisenbahnwaggon zu absolvieren.

Am 5. Juni 1891 wurde der von der Firma Franz Ringhoffer in Smichov bei Prag erbaute neue Wagen des Kaisers dem Verkehr übergeben. Dieses modernst ausgestattete Ensemble bestand aus acht vierachsigen, zumeist dunkelgrünen, mit den kaiserlichen Emblemen versehenen Waggons und hatte eine Summe von 210.000 Gulden verschlungen. Die Wände und die Decke waren doppelt holzverschalt, die Zwischenräume zwecks Schalldämmung mit imprägnierten Papierabfällen gefüllt. Die Doppelfenster wirkten ebenfalls schalldämmend. Beheizt wurden die Abteile mit Dampf und beleuchtet mit elektrischem Strom, der von einer Dampfkraftanlage im Gepäckwagen geliefert wurde. In jeden Wagen war zur Reserve auch eine Akkumulatoren-Batterie eingebaut. Schließlich umfaßte die Ausstattung noch eine eigene Telegraphier- und eine Sprechrohranlage.

Hinter der schweren Schnellzuglokomotive reihten sich die pompös ausgestatteten Wohnwaggons: der Salon- und Schlafwagen des Kaisers im Stil der Makartepoche – mit schweren Plüschvorhängen, Teppichen und prachtvollen Holzschnitzereien und -vertäfelungen an der Decke und an den Seitenwänden. Über einen nußholzgetäfelten Korridor erreichte man die einzelnen Coupés: die Abteile für den Leibjäger und für den Leibkammerdiener mit Fauteuil und eingebauter Toilette. Das Toilettekabinett und das Schlafzimmer waren ähnlich wie die entsprechenden Räume in der Hofburg und in Schönbrunn eingerichtet und verfügten über das bewährte eiserne Feldbett. Sogar ein kleiner Kühlschrank mit eigens aus Schönbrunn mitgeführtem Quellwasser war vorhanden.

Im Tagessalon des Kaisers befand sich ein großer Schreibtisch. Meist wurde auf Reisen auch ein Feldschreibzeug mitgeführt, das in einem braunen Lederkoffer untergebracht war und gläserne Tintenfäßchen für rote und schwarze Tinte, einen hölzernen Federhalter mit Spitzfedern, einen Graphitstift, einen Radiergummi, einen Tintenreiniger, einen Streusandbehälter sowie eine silberne Aschenschale enthielt. Ein Klapptisch, ein Schlaffauteuil und ein Diwan ergänzten die Einrichtung.

Das Adjutantenabteil verfügte ebenfalls über Schreibtisch, Schlafdiwan und Toilettenraum. Weiters gehörten der Hofsuite-Salonwagen mit zwei Halbcoupés und Schlafdiwans, ein großer Salon mit zwei Diwans sowie zwei Vollcoupés, der Speisewagen (der nur bei größeren Fahrten mitgeführt wurde), ein Vorraum, ein Rauchsalon mit Spieltischchen, der eigentliche Speisesalon und ein Buffetraum zum fixen Bestandteil des kaiserlichen Waggonensembles. Gekocht und vorbereitet wurden die Speisen im Küchen- und

Servierwagen, der mit Sparherd, Geschirrkasten, Abwasch, Kühlschränken, Kohlenkisten und mit eigenen Abteilen und Toiletteräumen für das mitgeführte Küchenpersonal ausgestattet war.

Die Abteile zweier weiterer mitreisender Suitewagen standen dem Obersthofmeister, dem Leibarzt, sowie den Offizieren und Beamten der Militär- und Kabinettskanzlei zur Verfügung. Vervollständigt wurde die Suite durch den Gefolgewagen (Kammerwagen) zweiter Klasse mit Gepäckraum, Toilette- und anderen Sanitärwagen für das den Kaiser persönlich versorgende Personal sowie den Dienst- und Beleuchtungswagen mit Kondukteurraum und einem Abteil für den Hofreisen-Direktor. Daran schloß der Maschinenraum für die Stromversorgung und ein weiterer Gepäcksraum an. Von diesem Wagen aus führte eine telefonische Verbindung zum Lokomotivführer, um eventuelle Wünsche des Kaisers bezüglich Verlangsamung oder Beschleunigung des Zugs weitergeben zu können, was häufig auf der Strecke von Wien nach Budapest geschah, die während der Nacht zurückgelegt wurde: Kurz vor dem Zielbahnhof verlangsamte man die Geschwindigkeit, um den Kaiser bei der Morgentoilette nicht unnötigen Gefahren auszusetzen.

Natürlich haben auch die Ungarn ihrem Königspaar einen von der Budapester Waggonfabrik Ganz gebauten Hofzug anläßlich der ungarischen Milleniumsfeierlichkeiten im Jahr 1896 zum Geschenk gemacht. Das Ensemble bestand aus einem Salonwagen, einem Speisewagen, zwei Salonwägen für die Begleitung, einem Wagen für die Bediensteten sowie einem Gepäckswagen. Der Salonwagen der Kaiserin war innen in stahlblauer Farbe gehalten und mit Mahagonimöbeln im Stil Ludwigs XVI. ausgestattet. Die Einrichtungsgegenstände aller anderen Wagen ahmten – der damaligen Mode entsprechend – Renaissancemöbel nach, die aus ungarischem Nußholz gefertigt waren. Die Küche war im Wagen der Königin untergebracht und mit einem Gaskochherd ausgerüstet. Jedem Hofzug waren aus Sicherheitsgründen zwei Lokomotiven angekuppelt.

Im Jahr 1903 wurde der Hofzug auf dreizehn Waggons erweitert, indem der alte Salonwagen der Kaiserin Elisabeth aus dem Jahr 1873 als Hofsalonwagen verwendet und für den Thronfolger Franz Ferdinand und seine Gemahlin ein eigener Salonwagen mit je einem Schlafabteil angefügt wurden. Außerdem wurde ein stärkerer Beleuchtungswagen in Dienst gestellt.

Daneben gab es noch den Hofjagdwagen der Südbahngesellschaft, der aber in den letzten Lebensjahren des Kaisers nicht mehr verwendet wurde.

Die beiden Hofzüge entsprachen in ihrer Ausstattung rollenden Luxushotels, für deren Herstellung zwei Millionen Kronen aufgewendet worden waren. Allein das Holzmobiliar im Tagessalon des ungarischen Hofzugs hatte 70 000 Kronen gekostet.

Um einen reibungslosen Ablauf der Bahnreise zu gewährleisten (angefangen vom Auftrag des Obersthofmeisteramts an die zuständige Eisenbahndirektion über die Anweisung, die Abfahrt- und Fahrzeiten des Hofzugs peinlich genau einzuhalten bis zur Auswahl des Bahnpersonals), war der k.u.k. Direktor für Hofeisenbahnreisen, Claudius Alexander Ritter von Klaudy, verantwortlich, der bei allen Reisen im Waggon des Kammerpersonals mitfuhr. Er wurde später zum Hofrat ernannt und verstarb im siebzigsten Lebensjahr 1903 in Görz. Er war als Ritter des Ordens der Eisernen Krone zweiter Klasse und Ritter des Leopoldsordens ein hochdekorierter Mann. Dem Verstorbenen folgte als letzter Hofreisedirektor Kaiser Franz Josephs und später Kaiser Karls Ministerialrat Zdenko Mares.

In jedem Wiener Zentralbahnhof (bzw. in den größeren Bahnhöfen der Monarchie) stand dem kaiserlichen Hof ein eigener Wartesaal als Aufenthaltsraum zur Verfügung. Der Hofzug mußte eine Stunde vor Abfahrt auf dem Gleis vor dem Hofwartesaal oder vor dem Perron bereitstehen, über den der Kaiser seinen Weg zu nehmen gedachte. Mit der Auswahl der Lokomotivführer, die die besonders schweren Loks fahren mußten, wurde ein wahrer Personenkult getrieben, und auf den Bahnhöfen, die der Hofzug passierte, hatten die Bahnbeamten in Dienstuniform mit Dekorationen bereitzustehen. Wenn die Fahrt zur Zufriedenheit des Herrschers, vor allem mit militärischer Pünktlichkeit, verlaufen war, verabsäumte er nie, die Eisenbahnbeamten zu sich zu bitten, um ihnen zu danken und sie mit Auszeichnungen und Belohnungen zu ehren. Es war also nicht weiter verwunderlich, daß der seinerzeitige Stationsvorstand des Wiener Westbahnhofs (von dem viele Reisen ihren Ausgang nahmen), der kaiserliche Rat Zavadil, zu den meistausgezeichneten Persönlichkeiten der Monarchie zählte.

Zu den schwarzen Schafen der Bahnbeamten gehörte der Stationsvorsteher von Hajmasker in Ungarn, den Thronfolger Franz Ferdinand aus der Liste der zu Belohnenden strich, da er während eines Empfangs am Bahnhof keine weißen Handschuhe getragen hatte.

Wer kam nun für die Kosten der kaiserlichen Reisen auf, und nach welchen Richtlinien wurde der Preis festgesetzt? Jede Abfahrt eines Hofzugs wurde der zuständigen Eisenbahnverwaltung gemeldet, ebenso wurde die Zahl der Achsen und die Strecke in Kilometern bekanntgegeben, die mit einem Fixsatz multipliziert wurden. Der mitreisende Hofreisekassier stellte über die Gesamtsumme Kreditscheine aus, die mit dem Hofzahlamt halbjährlich verrechnet wurden.

Die weiteste Reise seines Lebens unternahm der Kaiser anläßlich der Eröffnung des Suezkanals im Jahr 1869. Er verließ Budapest am 25. Oktober gegen sechs Uhr abends, wechselte dann auf ein Donauschiff, um mit der Bahn bis Varna in Rumänien und neuerlich per Schiff bis Konstantinopel zu reisen, wo er von Sultan Abdul-Aziz-Khan empfangen wurde. Über Athen gelangte er nach Jaffa (8. November) und nach Jerusalem, wo er die heiligen Stätten besuchte. Am 15. November erreichte man Port Said, wo am 17. November die feierliche Eröffnungsfahrt durch den Suezkanal ihren Anfang nahm. Der Kaiser bewohnte während des Aufenthalts ein Appartement des Ghezirek-Palasts am Nil. Der Minister des Äußeren, Friedrich Graf Beust, mußte im Harem übernachten, den die Haremsdamen acht Tage zuvor verlassen hatten. Am 24. November unternahm der Kaiser mit seiner Suite einen Ausflug zu den Pyramiden. Der Monarch ließ es sich trotz der

Hitze nicht nehmen, die über drei Fuß hohen Stufen zur Spitze der Cheopspyramide zu besteigen, die er innerhalb von zwanzig Minuten erreichte. Mit dem Schiff trat man über Alexandria, Kreta und Korfu die Heimreise an, wo man am 3. Dezember um sieben Uhr früh Triest erreichte.[1)]

Da Kaiserin Elisabeth zumeist auf Reisen war oder in Kurbädern weilte, hatte Kaiser Franz Joseph als Stellvertreterin seiner Gemahlin und als offizielle Begleiterin die dritte Ehefrau seines Bruders Erzherzog Karl Ludwig, die geborene Braganza-Prinzessin Maria Theresia, eingesetzt, die nach dem Hofzeremoniell als rangälteste Erzherzogin allein in Betracht zu ziehen war. Die Schwägerin begleitete den Kaiser im Mai 1895 nach dem Adriahafen Pola, wo das kaiserliche Küstenverteidigungsschiff feierlich getauft und vom Stapel gelassen werden sollte. Rund um so einen Festakt gab es ein streng festgesetztes Programm, wobei eine Menge von Personen die verschiedensten Verpflichtungen wahrzunehmen hatten. Auf der Werft in Pola war ein eigener Hofpavillon errichtet worden, auf dessen Estraden die geladenen Zuschauer Platz nehmen konnten. Beiderseits des »Täuflings« ankerten die Schiffe Custozza und Frundsberg, auf denen sich viele Schau-

[1)] Die Einschiffung Kaiser Franz Josephs in Jaffa, die bei stürmischer See stattgefunden haben muß, regte einen Künstler, P. H. Th. Tetar van Elven (1831–1908), zu einem dramatischen Gemälde an. Das Bild befindet sich im Jagdmuseum Neuberg an der Mürz und stellt die Gefährlichkeit des Unternehmens sicher etwas überzeichnet dar: Der Kaiser hätte sich demnach in einer Art Fischerboot befunden, das in der entfesselten See schutzlos zwischen den Klippen herumgeschleudert wird.

lustige eingefunden hatten. Vier Musikkapellen nahmen Aufstellung: die Marine-Musik, die Musik des Infanterie-Regiments Nr. 97, die Musik der Società operaja und die Kapelle des Veteranen-Vereins Kronprinz Rudolf.

Um acht Uhr früh, eineinhalb Stunden vor Eintreffen des Kaisers, wurde das Schiff zuerst von dem Marine-Pfarrer Monsignore Paul Urednicek geweiht. Bei Eintreffen Kaiser Franz Josephs und seiner Begleitung am Landungsplatz bestieg der Monarch das Galaboot, mit dem er zur Begrüßung des Hafen-Admirals und der Marine-Offiziere weitergebracht wurde. Von den Schiffen ertönte ein Geschützsalut. Unter musikalischer Begleitung der Militärkapellen schritt man zur zweiten Einweihung des Schiffs durch den Marine-Pfarrer. Daraufhin taufte Erzherzogin Maria Theresia das Schiff, in dem sie eine Taste mit der Aufschrift »Tauf-Act« drückte. Eine dadurch zum Ausschwingen freigemachte Champagnerflasche zerschellte am Bug des Schiffes, nach dessen Enthüllung der Name »Monarch« sichtbar wurde. Danach betätigte die Patin den Taster »Stapellauf«, und unter den Klängen der Kaiserhymne und weiteren Geschützsaluten wurde das Schiff dem Meer übergeben.

Zwei Jahre vor ihrem Tod begleitete Kaiserin Elisabeth den Gemahl noch einmal zu einem Repräsentationstermin, der sie in das Land der über alles bevorzugten Ungarn führte. Februar und März 1896 hatte sie gemeinsam mit Kaiser Franz Joseph an der Riviera auf Cap Martin verbracht, war dann mit der »Miramar« allein nach Korfu weitergereist und erschien Anfang Mai zum großen Fest des tausendjährigen Bestehens des Königreichs Ungarn in Budapest.

Das Programm für die Milleniumsfeierlichkeiten in Budapest im Jahr 1896 war recht umfangreich und nahm am Samstag, dem 2. Mai, um elf Uhr vormittags mit der feierlichen Eröffnung der Jubiläumsausstellung seinen Anfang. Am Nachmittag fand ein Familien-Diner statt, und um halb acht Uhr abends war »Théatre paré« in der Oper. Für Sonntag, den 3. Mai, war um elf Uhr vormittags ein Festgottesdienst in der Krönungskirche angesetzt. Unter Kavalleriebegleitung bewegten sich die sechsspännigen, viersitzigen Leibwagen mit den Erzherzogen und Erzherzoginnen von der Hofburg zur Kirche, dahinter folgte der achtspännige Galawagen mit dem Kaiserpaar. Am Kirchentor empfing der Kardinal-Fürstprimas von Ungarn die hohe Gesellschaft und geleitete das Königspaar bis zum Altar. Ihm folgten Prinz Leopold von Bayern (der Gemahl der Tochter Gisela) mit der Kronprinzessin-Witwe Stephanie, Erzherzog Otto (Neffe des Kaisers und Vater des nachmaligen Kaisers Karl) mit Prinzessin Gisela von Bayern (der Tochter des Kaiser- und Königpaares), Erzherzog Ferdinand (ein jüngerer Bruder des Erzherzog-Thronfolgers Franz Ferdinand) mit Erzherzogin Maria Theresia (der offiziellen Begleiterin Kaiser Franz Josephs), Erzherzog Ludwig Viktor (der jüngste Bruder Kaiser Franz Josephs) mit Erzherzogin Maria Josepha (der Mutter des späteren Kaisers Karl) und Erzherzog Franz Salvator (Schwiegersohn des Kaisers und Gemahl der Erzherzogin Marie Valerie). Die begleitenden Obersthofmeisterinnen hatten dem Zeremoniell entsprechend die Schleppen der Erzherzoginnen zu tragen.

Am darauffolgenden Tag fand nachmittags ein Familiendiner statt, einen Tag später empfingen Kaiser Franz Joseph und seine Gemahlin hohe Gäste zu einer Soirée in der Burg. Die Feierlichkeiten wurden von zahlreichen anderen Veranstaltungen und Bällen, wie dem bei Festetics (am 3. Mai) und dem beim Hofmarschall Louis Apponyi (4. Mai), begleitet.

Im Sommer dieses Jahres trafen Kaiser Franz Joseph und Elisabeth noch einmal in Cap Martin zusammen.

1899 besuchte der Kaiser Meran, um an großen Festlichkeiten anläßlich der Einweihung der Andreas Hofer-Kapelle teilzunehmen. Er bewohnte Schloß Rottenstein bei Meran, das damals einem seiner Brüder gehörte (heute ist es im Besitz des Prinzen Georg von Liechtenstein).

Am Bahnhof empfing ein großes Aufgebot von Schützenkompanien aus angrenzenden Tälern den Kaiser. Der Kaiser interessierte sich für einen weißbärtigen Mann aus der Gruppe der Latscher Standschützen, dessen Brust reichlich mit Medaillen geschmückt war. Er näherte sich ihm, um ihn in ein freundschaftliches Gespräch zu verwickeln. »Wo haben Sie denn die vielen Auszeichnungen her?« fragte er den Mann, der begann, sie ihm in unverfälschtem Tirolerisch zu erklären: »Majestät! Das ist die Kleine Silberne von Custozza. Das hier ist eine Jubiläumsmedaille. Die da auch. Die da, die hab ich auf der Ausstellung gekriegt für die schönste Kuh. Und die zwei, die hab ich vom Nachbarn geliehen!«

Nachdem der Kaiser wieder nach Wien zurückgekehrt war, stattete ihm der Bezirksrichter Dr. Wöll von St. Leonhard im Passeiertal in Gesellschaft von sechs dort ansäßigen Bauern in Wien einen Gegenbesuch ab, um ihm für die Anwesenheit während der Feierlichkeiten zu danken. Er hatte die ihn begleitenden Bauern auf den großen Auftritt bei Hof sehr gut vorbereitet und übte mit ihnen verschiedene kleine Texte ein, mit denen sie sich beim Kaiser für den Besuch bedanken sollten.

Zur angesetzten Audienzzeit standen die sechs Tiroler ehrfurchtsvoll vor dem Kaiser, der ihnen als Inbegriff alles Hohen und Ehrwürdigen galt, und es war der Zeitpunkt gekommen, den eingelernten Dankestext aufzusagen. Als aber ihr Stichwort gefallen war, vermochte – angesichts der Größe des Augenblicks – keiner von ihnen auch nur eine Silbe hervorzubringen, vielmehr begannen sie alle vor Rührung zu weinen. Also blieb dem Bezirksrichter nichts anderes übrig, als selbst dem Kaiser das auszudrücken, was die Passeier anläßlich des hohen Besuchs im Tal Andreas Hofers empfunden hatten. Es steht anzunehmen, daß der Kaiser die Tränen der braven Bauern richtig deutete, die ihm wahrscheinlich mehr Treue bewiesen, als die von einem Akademiker verfaßten Worte es vermocht hatten.

Im Mai 1900 bestätigte Kaiser Franz Joseph angesichts der Annäherung Frankreich-Rußland den Zusammenhalt des Dreierbündnisses Österreich-Ungarn und Deutschland-Italien, weshalb er die Großjährigkeitserklärung seines Patenkindes, des achtzehnjährigen Kronprinzen des Deutschen Reichs und von Preußen, Friedrich Wilhelm, zum Anlaß nahm, nach Berlin zu reisen.

Am Donnerstag, dem 3. Mai, verließ der Hofseparatzug abends um 6 Uhr 40 den Wiener Nordbahnhof. Das Souper wurde im Zug eingenommen. Am Freitag erreichte man um 6 Uhr 34 Sommerfeld, wo man acht Minuten hielt, damit der Kaiser gefahrlos rasiert werden konnte. Um 7 Uhr 56 fuhr der Zug in Frankfurt an der Oder ein und hielt für zehn Minuten. Der Kaiser hatte die preußische Marschall-Uniform, den Paradeanzug mit Ordensband, angelegt. Zum Ehrendienst meldeten sich die deutschen Abgeordneten: der General der Infanterie von Lindequist, der Generalmajor Graf Hülsen-Häseler, Oberst von Ravenund und der Oberstleutnant von Mechow. Rittmeister von Bülow war bereits am Nordbahnhof in Wien zur Reisegesellschaft gestoßen. Auf dem Perron in Frankfurt nahm die Ehrenkompanie den Kaiser offiziell in Empfang. Die Honoratioren begleiteten ihn nach Berlin, wo man um 10 Uhr am Potsdamer Bahnhof eintraf. Dort erwarteten ihn Kaiser Wilhelm II. und seine Söhne Kronprinz Wilhelm sowie die Prinzen Eitel Friedrich, Adalbert, August Wilhelm, Oskar, Heinrich, Friedrich Leopold und Joachim von Preußen, damals alle im Alter zwischen zehn und achtzehn Jahren. Mit im Empfangskomitee: Herzog Albrecht von Württemberg, der mit einer Nichte Kaiser Franz Josephs verheiratet war, und Prinz Karl Anton von Hohenzollern, ein Enkel des letzten regierenden Fürsten von Hohenzollern-Sigmaringen.

Im Schloß gesellten sich die Damen zur Runde: Kaiserin Auguste, Prinzessin Irene, eine Schwägerin des deutschen Kaisers, Maria Theresia, die Gemahlin des Erbprinzen Wilhelm von Hohenzollern, und Prinzessin Josefine, Ehefrau Prinz Karl Antons von Hohenzollern und Schwägerin Maria Theresias. Weiters nahmen an dem Empfang König Friedrich August III. von Sachsen, der mit einer toskanischen Nichte Kaiser Franz Josephs verheiratet war, teil, Großherzog Friedrich I. von Baden und seine Gemahlin Luise, eine Tante Kaiser Wilhelms II., Großherzog Ernst Ludwig von Hessen, ein Schwager Prinz Heinrichs von Preußen und Bruder des deutschen Kaisers, Prinz Leopold von Bayern, ein Schwiegersohn Kaiser Franz Josephs, sowie der Großherzog August von Oldenburg (dessen Tochter Sofie Charlotte sechs Jahre später einen Sohn Kaiser Wilhelms ehelichen sollte) und Erbprinz Albert von Belgien, ein Schwiegercousin des damals schon verstorbenen Kronprinzen Rudolf, der das hohe europäische Familienfest vervollständigte.

Am selben Abend fand die Gala-Tafel in der Bildergalerie des Schlosses statt, wo sich die beiden Kaiser ihrer innigen Zusammengehörigkeit versicherten, – Kaiser Franz Joseph mit einem Trinkspruch, den er wegen seiner Weitsichtigkeit von einem mit übergroßer, deutlicher Schönschreibschrift gefüllten Blatt las: »Indem ich Mein Glas auf das Wohl des Kronprinzen Friedrich Wilhelm, Meines lieben Patenkindes, erhebe, welcher heute die Schwelle der Großjährigkeit überschreitet, drängt es Mich zunächst, seinen Mir theueren Eltern zu diesem Freudentage die innigsten Glückwünsche auszusprechen. Möge das Walten der Elternliebe dem edlen Prinzen lange erhalten bleiben. Möge er die reichen Keime seiner jungen Kraft glücklich entwickeln und in ernster Arbeit, aber mit frischem Muth und Gottvertrauen sich heranbilden für den hohen und schweren Beruf, der seiner harrt. Ich bin hocherfreut, ihn beim Eintritt in das öffentliche Leben hier begrüßen zu können und sehe hierin ein glückliches Vorzeichen dafür, daß die Einigkeit und Treue der Vorfahren nachleben wird in den kommenden Geschlechtern. Gott segne und schütze den Kronprinzen.«

Kaiser Wilhelm antwortete mit den Worten: »Und wenn erst die Herzen der Völker zusammenschlagen, dann kann sie nichts mehr auseinanderreißen.«

Die folgenden Tage waren ausgefüllt mit einem dichten Programm von Huldigungen, musikalischen Darbietungen, nächtlichen Illuminationen, Scharfschießen, Paraden, Messen, Empfängen und einer Festaufführung in der Berliner Oper, wo sich am Ende des gegebenen Stückes »Der Burggraf« (von Joseph Lauff) die Häuser Habsburg und Hohenzollern auf der Bühne für immer verbrüderten. Nach einem viertägigen Aufenthalt verließ Kaiser Franz Joseph nachts das festlich erleuchtete Berlin.

In den ersten Septembertagen des Jahres 1906 fanden im Raum von Teschen Kaisermanöver statt. Zum ersten Mal in der Geschichte der Truppenübungen nahmen elf Mitglieder des am 10. Februar desselben Jahres gegründeten Automobilkorps daran teil. Leutnant Graf Schönfeld führte aus diesem Anlaß dem Kaiser einen von den österreichischen Daimler-Werken gebauten Panzerwagen vor, den ersten Panzerspähwagen der Welt. Unseligerweise hatte man vergessen, die anwesenden Generäle auf den Lärm des Wagens aufmerksam zu machen. Als nun der Motor angestellt wurde, scheuten die Pferde der Offiziere, und ein hochdekorierter Teilnehmer wurde aus dem Sattel geschleudert. Für Kaiser Franz Joseph schien die Angelegenheit damit erledigt. »So etwas ist für eine militärische Verwendung nicht zu brauchen.« Also wanderte das Panzerautomobil zurück in die Werkstätte seines Erzeugers und besiegelte ein weiteres Kapitel im Buch der ungewürdigten österreichischen Erfindungen. Wahrscheinlich hätte schon der Beginn des Ersten Weltkriegs eine andere Wendung genommen, wenn die Vorausabteilungen der österreichisch-ungarischen Armee anstatt zu Roß mit Panzern angerückt wären.

Mitunter nahmen die langwierigen Reisen Kaiser Franz Josephs, die meist von ebensolchen Reden und Handlungen begleitet wurden, auch eine heitere Wendung. In einem kleinen Ort der Monarchie war für einen bestimmten Tag ein Empfang vorbereitet, an dem der Kaiser eine längere Bahnreise unterbrechen und Dankesworte des Bürgermeisters für eine Zuwendung entgegennehmen sollte. Der Bahnhof glänzte in imperialer Feierlichkeit, den die Bevölkerung mit mehr Eifer als mit Überlegung geschmückt hatte. Der Kaiser folgte interessiert der Ansprache des Bürgermeisters, als er plötzlich in ein herzliches Gelächter ausbrach. Sehr verwundert über seinen Heiterkeitsanfall richteten sich alle Blicke auf den Kaiser, der wiederum seine Augen auf drei Tafeln oberhalb des Eingangs der Stationstoiletten geheftet hatte. Auf den beiden unteren befanden sich die traditionellen Aufschriften »Damen« und »Herren«. Gekrönt wurden die beiden von einer dritten, reisig-geschmückten Tafel, die zu Ehren des hohen Besuchers mit dessen Wahlspruch versehen war: »Viribus unitis« – »Mit vereinten Kräften«, was sich am Originalschauplatz wie folgt ausnahm:

MIT VEREINTEN KRÄFTEN

DAMEN HERREN

Am 5. Oktober 1908 ließ Kaiser Franz Joseph seine Souveränitätsrechte auf Bosnien und die Herzegowina verlauten. Zwei Jahre später, also vier Jahre vor Ausbruch des Ersten Weltkriegs, besuchte der Monarch die annektierten Provinzen. Die Reise stellte für den mittlerweile achtzigjährigen Monarchen nicht nur eine besondere körperliche Anstrengung dar (». . . am 29.5., 6,40 abends reise ich allein im Allh. Dienst mit Maj. nach Bosnien-Herzegowina, Sarajewo und Mostar . . . Gott gebe es, daß S. Maj. mit 80 Jahren gesund und heil zurückkehrt. Es ist eine große starke Tour bei dieser entsetzlichen Hitze . . .«, Brief Ketterls vom 26. 5. 1910), sondern barg schon damals ein großes Sicherheitsrisiko in sich, wie der Kaiser selbst in einem Brief vom 26. Mai 1910 aus Budapest an Frau Schratt andeutete: »Hoffentlich . . . werde ich die ganze Sache (in Bosnien) gut überstehen. Aus dem Programm . . . werden Sie ersehen, daß die Hetze ärger sein könnte und daß auf meine Altersschwäche Rücksicht genommen wird. Innigst danke ich Ihnen, daß Sie für mich beten wollen und empfehle mich während der ganzen bosnischen Expedition in Ihr Gebet . . .« Frau Schratt hatte gut gebetet, denn es kam zu keinerlei Zwischenfällen. Man konnte die Reise sogar als eine Triumphfahrt des Kaisers bezeichnen.

Vier Jahre später sollten die Rachegelüste der Serben ihr Opfer in den Personen des Thronfolger-Ehepaares Franz Ferdinand und Sophie finden.

Im Mai 1910 bewegte sich der Kaiser – entgegen dem vorgeschriebenen Protokoll – noch ungeschützt durch die herbeigeeilte Volksmenge, um den einen oder anderen Untertanen persönlich zu begrüßen. Um den Kaiser zu ehren und besonders herzlich willkommen zu heißen, wehten von den meisten Gebäuden neben den nationalen Fahnen die schwarz-gelben Flaggen. Allen noch späteren Entwicklungen zum Trotz überreichten ein katholisches, ein serbisches und ein moslemisches Schulmädchen in einem friedlichen Nebeneinander dem Kaiser bunte Sträuße von Blumen. Der Monarch ließ den Kindern zum Dank Broschen mit seinen Initialen aus Edelsteinen überreichen, die ihnen sogleich angesteckt wurden.

Nachdem ein Mädchenchor das »Gott erhalte« vorgetragen hatte, bestieg der Kaiser den Zug nach Sarajewo, das ihn festlich geschmückt willkommen hieß. Auch hier erschienen neben den örtlichen Politiker- und Militärgrößen in friedlicher Reihe die Abgesandten der katholischen, der serbisch-orthodoxen, der moslemischen und der protestantischen Geistlichkeit, einschließlich zweier Rabbiner, zum Empfang.

Am Mittwoch, dem 1. Juni, besuchte der Kaiser um

8 Uhr morgens das örtliche Hengstendepot. Im Hof bestieg er das für ihn bereitgestellte Pferd und ritt durch ein Spalier huldigender Einwohner der Stadt Sarajewo zum Exerzierplatz. Hier wie an vielen anderen Orten zeigte man sich überrascht, wie fest der Achtzigjährige im Sattel saß und im gestreckten Galopp dahinsprengte. Die Volksmenge verfolgte begeistert das Reiterschauspiel und brach darüber in Jubelrufe aus. Dieser Ausritt gilt als der letzte öffentliche Auftritt per Pferd. Allerdings existieren eine Menge fotografischer Dokumente von privaten Ausritten bis in die letzten Lebensjahre des Monarchen.

Am 2. Juni stattete Kaiser Franz Joseph zu Mittag der Stadt Mostar einen Kurzbesuch ab. Am Bahnhof hatte eine Ehrenkompanie des bosnisch-herzegowinischen Infanterie-Regiments Nr. 4 Aufstellung genommen; der Festungskommandant von Mostar, Oberst Franz Maudry, und der Bezirksvorsteher meldeten sich beim Kaiser. Der Monarch schritt die Front der Ehrenkompanie ab und begab sich zu dem aufgestellten Hofzelt, wo ihm Kinder Blumen und – nach Landessitte – Brot und Salz zum herzlichen Willkomm reichten.

Am Nachmittag desselben Tages fanden im Hotel ein Empfang und anschließend eine Hoftafel statt. Danach fuhr man mit dem Wagen zu der im 16. Jahrhundert errichteten Brücke, die in unserer Zeit zerstört wurde und Schlagzeilen machte. Nach Verabschiedung der Honoratioren von Mostar verließ der Kaiser um sechs Uhr abends die Stadt und erreichte Wien schon einen Tag später, wo er sich im Schönbrunner Schloß einige Stunden der Ruhe gönnte.

Wenige Tage nach Beendigung der Reise wurde bekannt, daß sich zur Zeit des Kaiseraufenthalts in Sarajewo Anarchisten herumgetrieben hatten, doch waren sie – aus welchen Gründen auch immer – nicht tätig geworden. Die Anwesenheit der anarchistischen Aktivisten hatte sich elf Tage nach der Rückkehr des Kaisers in Wien bestätigt, als in Sarajewo auf den Landeschef von Bosnien, General Varesinan, ein Revolverattentat verübt wurde. Der Student Bogdan Zarajic gab auf den Politiker, dessen Wagen eben die Kaiserbrücke passierte, fünf Schüsse ab, die aber ihr Ziel verfehlten. Die sechste Patrone richtete er gegen sich selbst. Nachforschungen ergaben, daß sich der Attentäter zur Zeit des Kaiserbesuchs sowohl in Sarajewo als auch in Mostar aufgehalten hatte. Vier Jahre später sollten die Kugeln der Anarchisten ihr Ziel nicht mehr verfehlen.

Langsam vollzog sich der Umstieg von der Pferdekutsche zum Automobil, das nicht von Anfang an in der Gunst Kaiser Franz Josephs stand. Der Monarch hatte einen Großteil seines Lebens auf dem Pferderücken oder in Kutschen verbracht, diese Art der Fortbewegung schien ihm allein eines Herrschers würdig. Außerdem widerstrebte es seinem ritterlichen Sinn, die über die Jahrhunderte bewährten edlen Tiere gegen selbstfahrende, seelenlose Metallwagen einzutauschen. Als schon alle Familienmitglieder das Automobil zu ihrem bevorzugten Beförderungsmittel erkoren hatten, ließ sich der Kaiser noch immer im pferdebespannten Wagen chauffieren. Allerdings hatte er schon aus Anlaß der unter dem Protektorat des Thronfolgers Franz Ferdinand in der Zeit vom 15. bis 28.

März 1906 stattfindenden VI. Internationalen Automobil-Ausstellung (Blick)Kontakt mit den neuen Verkehrsmitteln hergestellt. Kaiser Franz Joseph besuchte die Ausstellungshalle der Gartenbaugesellschaft am 20. März und wurde während eines Rundgangs über die verschiedenen Konstruktionsarten und Fabrikationsdetails aufgeklärt.

Die Zeit war reif, den Kaiser zum Besitz eines selbstfahrenden Wagens zu bewegen. Auf Anregung des Clubpräsidenten Prinz Solms stellte man dem Kaiser anläßlich des sechzigjährigen Regierungsjubiläums zwei Wagen zur Verfügung. Am 22. Juni 1908 empfing der Monarch die Mitglieder des Präsidiums des Automobils-Clubs in Audienz, wobei man ihm zwei Gefährte zum Geschenk überreichte: »Der Österreichische Automobil-Club erlaubt sich ganz untertänigst, Eure Majestät zu bitten, als Zeichen der Huldigung zum glorreichen sechzigjährigen Regierungsjubiläum in Allerhöchst-Ihrer Eigenschaft als oberster Kriegsherr die Gnade zu haben, zwei komplette Automobile gnädigst annehmen zu wollen.«

Der Kaiser dankte für den Erhalt der beiden 40 HP-Wagen (HP = Horsepower und stellt etwa ein Hundertstel mehr Kraft dar als eine Pferdestärke) und verwendete sie – zum Leidwesen des Pferdewagenkutschers Walter – von nun ab regelmäßig. Anläßlich der Herbstmanöver des Jahres 1908 war Kaiser Franz Joseph das zunehmend verdrießlicher werdende Gesicht des Leibkutschers aufgefallen, weshalb er bei Eugen Ketterl die Ursache des Übels erfragte. Walter sei deshalb so traurig, »›. . . weil er jetzt . . . Majestät bei den Manövern nicht mehr fahren darf . . . Majestät benützen ja stets ein Auto!‹ Wehmütig entgegnete der Kaiser: ›Ja, ich würde auch lieber mit dem Walter fahren, aber das wäre jetzt nicht mehr möglich. Bei der neuen Art der Kriegsführung sind die Entfernungen zu groß, man muß Riesendistanzen möglichst rasch zurücklegen, und das geht mit dem (Pferde-)Wagen nicht.‹«

Die erste – unerwartete und ungewollte – Autofahrt seines Lebens hatte Kaiser Franz Joseph in Bad Ischl unternommen. Als er König Eduard VII. von England am 12. August 1908 im Hotel Elisabeth einen Besuch abstattete, schlug der Kaiser eine anschließende Spazierfahrt vor, ohne zu wissen, daß der englische König seine Lipizzaner-Equipage mit dem Leibkutscher heimlich hatte wegschicken lassen.

Als man vor das Hoteltor trat, stand dort anstelle des Pferdewagens das Automobil Eduards, der den Kaiser mit listigem Schmunzeln einlud, darin Platz zu nehmen. Bei dem Wagen handelte sich um einen Züst mit 50 PS und blauer Karosserie. Chauffeur des königlichen Automobils war ein technisch besonders geschulter Kriminalbeamter. Zur weiteren Ausstattung des Wagens gehörte auch eine umfangreiche Apotheke für erste Hilfe bei Unfällen, die in einem großen, silberbeschlagenen Koffer mit der Aufschrift »Der Freund in der Not ist der wahre Freund« unter einem Rücksitz untergebracht war.

König Eduard VII. zählte übrigens zu den am modischsten gekleideten Herrschern Europas und führte auf Reisen unzählige Gepäckstücke mit, da er selten einen Anzug öfter als einmal trug und er aus Sicherheitsgründen »Doubletten« jedes Kleidungsstückes herstellen und bereithalten ließ. Sechzig bis achtzig Koffer bargen die Garderobe des in seiner Zeit »bestangezogenen Mannes der Welt«. Er gab den Ton in der internationalen Herrenmode an: 1908 regte er das Tragen von roten Krawatten, roten Strümpfen, von Oberhemden mit festangebrachtem Kragen und von Beinkleidern mit Bügelfalten an, die die früheren Röhrenhosen ablösten. Zwei Extrakoffer beinhalteten den überallhin mitgeführten englischen Spezialtabak.

Als König Eduard Kaiser Franz Joseph in Bad Ischl zum Einsteigen in das Auto drängte, war dieser vor Überraschung so perplex, daß er kein Wort der Widerrede fand. Die Tochter des Kaisers, Erzherzogin Gisela, und ihr Sohn, Prinz Georg von Bayern, folgten den beiden Herrschern im eigenen Wagen. Mit einem Tempo von ungefähr dreißig Kilometern pro Stunde peilte man Weißenbach am Attersee an.

Außerdem bestand der Konvoi aus den Kraftwagen der Erzherzoge Josef und Eugen (die mit einem Mercedes von 70 PS und einem Brasier-Wagen mit 40 PS unterwegs waren), beides Vettern zweiten Grades des Kaisers (ersterer war mit einer der bayrischen Enkelinnen verheiratet).

Der Kaiser hat König Eduard, den er ansonsten sehr schätzte, diese Freiheit sehr übelgenommen, da er nie zuvor in einem Kraftwagen gesessen hatte. Als er nach der Spazierfahrt über seine Eindrücke befragt wurde, antwortete er in kindlich-trotzigem Ton: »Die Autofahrt war ganz angenehm, aber meine Lipizzaner sind mir doch lieber.« Fest steht aber, daß Kaiser Franz Joseph ab diesem Jahr Automobile regelmäßig in Verwendung hatte.

Im Jahr 1909 erhielt er zu seinem Wagenpark von zwei Daimlern einen schweren Reisewagen von der Firma Gräf & Stift, von Mercedes eine Landaulette mit 50 PS und 1910 einen Austro-Daimler zum Geschenk. Nachdem der Mercedes drei Jahre in Gebrauch gewesen war, entschloß sich der Kaiser im September 1912 aus eigenen Stücken zum Kauf eines neuen Wagen des Hoflieferanten Gräf & Stift, dessen Fabrik sich in Wien im 19. Bezirk in der Weinberggasse 70–76 befand. Dieses Automobil war mit einem 40 HP-Vierzylinder-Motor ausgestattet und erreichte eine Maximalgeschwindigkeit von 80 bis 85 Kilometern in der Stunde. Die Karosserie wurde von der Fabrik Karl Czerny beigestellt und war mit bequemer Lederpolsterung ausgestattet, um dem mittlerweile zweiundachtzigjährigen Monarchen das Reisen so angenehm wie möglich zu gestalten.

Einige Monate zuvor hatten einige Erzherzoge Erzherzog Rainer, einem Onkel zweiten Grades des Kaisers, anläßlich seiner diamantenen Hochzeit (60. Wiederkehr des Hochzeitstags) mit Marie Karoline, einer Tante zweiten Grades des Kaisers und einer Tochter Erzherzog Karls, des Siegers von Aspern, eine Gräf & Stift-Luxuslandaulette mit 40/45 HP geschenkt.

Am 18. September 1912 nahm der Kaiser den neuen Gräf & Stift-Wagen anläßlich eines Besuchs bei seiner Tochter Marie Valerie auf Schloß Wallsee zum ersten Mal in Verwendung. Allerdings war der Wagen von Wien bis Amstetten dem Hofzug vorausgeschickt worden, wo ihn der Kaiser am Bahnhof bestieg und erst den weiteren Weg über die Strengberge nach Schloß Wallsee damit nahm. Dem Kaiserwagen folgten vier Mercedes mit Gefolge.

Im Jahr 1912 erhielt der Kaiser einen offenen Wagen der Rechenberger Automobilfabrik zur Erweiterung des Wagenparks. Für die Jagd stand dem Monarchen ein dunkelgrüner Gräf & Stift, ein sogenannter Jagd- und Kriegswagen (Baujahr 1913) mit Planenverdeck und einem 40 PS-Motor zur Verfügung. Er wog 2,5 Tonnen und erreichte eine Höchstgeschwindigkeit von 90 Stundenkilometern. Diesen Wagen lenkte und betreute der kaiserliche Leibchauffeur Hans Lehner, der in Linz als Sohn von Gastwirtsleuten geboren worden war. Vor dem Jahr 1914 hatte er für den Thronfolger Franz Ferdinand gearbeitet und eine Dienstwohnung im Schloß Belvedere bewohnt.

Der Gemahlin des Thronfolgers, Sophie Herzogin von Hohenberg, war es als morganatisch angetrauter Ehefrau nicht erlaubt, in der Staatsequipage zu fahren, weshalb ihr Gemahl zur Beseitigung dieses Problem eine liebevolle Lösung fand. Er ließ bei allen offiziellen Veranstaltungen den Galawagen leer fahren und bestieg mit der Gemahlin den Privatwagen, der dem ersten folgte.

Lehner war im Juni 1914 mit dem Wagen des Thronfolgers in Wien zurückgeblieben, als Franz Ferdinand die letzte, schicksalhafte Reise nach Sarajewo mit dem Zug antrat. In Sarajewo selbst benutzte das Thronfolgerpaar den Gräf & Stift des Grafen Harrach, der ihm für die Fahrt zum Rathaus zur Verfügung gestellt worden war. Dieser Wagen, der auch einige Schüsse des Attentäters Gavril Princip abbekommen hatte, befindet sich heute im Heeresgeschichtlichen Museum in Wien.

Nach dem tragischen Tod seines Herrn und Arbeitgebers trat der Chauffeur Lehner in die Dienste Kaiser Franz Josephs und übersiedelte in eine Wohnung in den Hofstallungen, dem heutigen Messepalast. Dort verwaltete er die dreizehn Automobile des Hofs, die vor allem bei Gästebesuchen in verstärktem Ausmaß verwendet wurden. Später wies man Lehner Erzherzog Karl, dem nachfolgenden Kaiser, und seiner Familie als Leibchauffeur zu.

Nach dem Tod Kaiser Franz Josephs lenkte er den vorerwähnten Gräf & Stift-Kaiserwagen zu etlichen Frontbesuchen und chauffierte das junge Kaiserpaar zur Krönung nach Budapest. Die folgende Episode entstammt dem Cachée'schen Manuskript (leider ist die Quelle nicht feststellbar) und beweist, wie sehr Geschichten der Geschichte im Laufe der Jahre verzerrt überliefert und dramatisiert werden können: »Als das Ende der Monarchie hereinbrach, verließ das Exkaiserpaar die Hofburg, um sich in die Schweiz zu begeben. Die Kinder wurden in Schloß Gödöllö in Ungarn einquartiert, um zu dokumentieren, daß man dorthin wieder zurückzukehren gedachte. Eine Kinderfrau betreute die Söhne und Töchter des Paares, von denen der älteste, Kronprinz Otto, noch keine sechs Jahre alt gewesen war. Außerdem hatte man zur Sicherheit der Kinder den Chauffeur mit dem Wagen in Gödöllö belassen.

Nach einigen Tagen der Ruhe schreckte ein nächtlicher Anruf die Zurückgebliebenen hoch. Es hieß, daß Bela Kun mit seinen Männern im Anmarsch sei. Der ehemalige Journalist hatte im März 1918 in Moskau eine ungarische Gruppe der Kommunistischen Partei gegründet und war daran, die kommunistische Herrschaft in Ungarn durchzusetzen. Später wurde er übrigens selbst ein Opfer der stalinistischen Säuberung und starb – im Jahr 1939 oder 1949 – im Alter von ungefähr vierundsechzig Jahren in sibirischer Verbannung.

Zurück zum nächtlichen Telefongespräch, demgemäß Bela Kun die Absicht gehabt hätte, Schloß Gödöllö anzuzünden, um die darin schlafenden Kaiserkinder mit einem Schlag zu töten. Der eilig herbeigerufene Chauffeur setzte das Auto zur Flucht in Gang, die Kinderfrau riß die Kleinen aus ihren Bettchen und steckte sie – nur mit den Nachthemden bekleidet – in den bereitstehenden Wagen. Lehner selbst – ebenfalls nur nötigst mit Pyjama und übergeworfener Chauffeurjacke versehen – verließ mit der kostbaren Fracht hastig das Gödöllöer Gelände.

Als man einige Zeit unterwegs gewesen war, sah man in der Ferne auch schon die Flammen des brennenden Schlosses die Nacht beleuchten. An einem nebeligen, kalten Tag erreichte man um 2 Uhr morgens das Ziel der Flucht, Schloß Eckartsau im Marchfeld in Niederösterreich, wo die Kinder sicher untergebracht werden konnten.«

Zu dieser Geschichte befragt, antwortet ein Berufener, der die Reise als Sechsjähriger mitgemacht hatte und der die Episode über die Vermittlung seiner Mutter, der Kaiserin Zita, sicherlich auch etliche Male erzählt bekommen hatte:

»Was die Geschichte von Gödöllö betrifft, stimmt sie nicht. Zwar waren wir in Gödöllö und wurden auch von dort weggeführt, als die Nachricht kam, daß Sondereinheiten der Revolutionäre im Anmarsch waren. Nur war das nicht bei Nacht, sondern am ruhigen Vormittag. Es sind mehrere Wagen gefahren, wovon einer der Fahrer wahrscheinlich Herr Lehner war. Unter den Fahrern war aber auch mein Onkel René von Bourbon-Parma (ein Bruder der Kaiserin Zita) sowie einige Offiziere. Wir sind auch nicht nach Eckartsau gefahren – dort sind wir erst viel später hingekommen –, sondern zuerst nach Preßburg und von Preßburg aus nach Wien. Mein Vater war damals noch in Schönbrunn.« (Brief Erzherzog Ottos von Habsburg, 8. 6. 1994)

Derselbe Gräf & Stift-Wagen von der Gödöllöer Fahrt begleitete den Exmonarchen im März 1919 ins Schweizer Exil. Als nach Kaiser Karls erstem Restaurationsversuch das Auto in der Schweiz zurückblieb, hatte Wachtmeister Huwyler den Befehl, es im Auftrag der schweizerischen Bundesregierung zu beschlagnahmen. Er erwarb es später gegen Erlag einer kleinen Summe zum Eigengebrauch. Noch später verkaufte er den Wagen an seinen Bruder Anton, der ihn bis in die dreißiger Jahre fuhr. 1962 erwarb der Züricher Ingenieur Max Strüwi das Fahrzeug. Er ließ es restaurieren und die feldgraue Farbe entfernen, sodaß die ursprüngliche dunkelgrüne Farbe mit dem Kaiserwappen wieder zum Vorschein kam.

Am 21. März 1974 ließ Strüwi den Wagen über Vermittlung des Auktionshauses Christie's im Genfer »Palais Exposition« anläßlich eines Automobilsalons von Oldtimern versteigern. Es war ein Rufpreis von 30 000 Schweizer Franken festgesetzt worden, nach mehreren Angeboten erhielt die Firma Gräf & Stift bei 190 000 Franken den Zuschlag. Der ehemalige Kaiserwagen kam zurück nach Österreich und befindet sich heute in Gesellschaft anderer Veteranen in der Ausstellung auf Schloß Kremsegg in Niederösterreich.

Im September 1910 wurde Kaiser Franz Joseph in seinem Wagen zum Flugmeeting nach Wiener Neustadt chauffiert. An der Luftparade waren dreiundzwanzig Aeroplane und das österreichische Militärluftschiff Parseval I beteiligt. Wider Erwarten schien den Kaiser die Darbietung nicht nur zu interessieren, sondern sogar gefangenzuhalten. Er verharrte zwei Stunden auf dem Flugfeld und verfolgte die Leistungen der Flieger. Schon ein Jahr zuvor, am 23. Oktober 1909, hatte Kaiser Franz Joseph einem Schauflug auf der Simmeringer Haide in Wien beigewohnt. Er zollte dem Piloten und Pionier der Aviatik, Louis Blériot, seine volle Bewunderung und erkannte die Bedeutung des Flugwesens für den militärischen Einsatz.

Am 23. Juni 1913 besuchte der Kaiser ein Flugmeeting auf dem Flugfeld von Aspern, wo einige Luftakrobaten ihre Kunststücke vorführten. Am besten gefiel ihm die Defilierung des Luftflotten-Geschwaders. Den Weg nach Aspern und zurück hatte er in der Gräf & Stift-Limousine zurückgelegt, die Fahrzeit betrug jeweils vierzig Minuten. Die vielen dem Kaiser zum Geschenk gemachten Wagen verfehlten ihre Wirkung nicht, und die Autofirmen zeitigten schon bald große Umsatzerfolge, wie eine Statistik über den Beobachtungszeitraum von sieben Jahren zu Beginn des Jahrhunderts aufzeigt. Hatten sich bis zum Jahr 1906 lediglich 31 Autos auf österreichischen Straßen bewegt, so waren es im Jahr 1913 schon 10 645 Stück.

Außer dem an Kaiser Karl übergegangenen Wagen aus dem Fuhrpark Kaiser Franz Josephs blieb auch der Austro-Daimler erhalten, den lange Zeit ein höherer österreichischer Offizier mit dem Kennzeichen A 27 fuhr. Nach dem Zweiten Weltkrieg entdeckte ihn der Journalist Heinrich Goldhann bei einem Altwarenhändler. In ihm waren noch der für Kaiser Franz Joseph eingebaute elektrische Zigarren-Anzünder und der originale Aschenbecher erhalten gewesen. Im Fond des Wagens befand sich eine alte Uhr, die vom Leibchauffeur täglich aufgezogen werden mußte, und auf den Scheinwerfern waren Kaiserkronen montiert.

Das erste Auto mit dem amtlichen Kennzeichen »1« hatte Erzherzog Eugen, einer der zahlreichen Vettern des Kaisers, besessen.

12
Kaiserliche Gemächer als Schafställe und Schlachtbänke

Kaiser Franz Joseph als Gastgeber

Die Weltausstellung des Jahres 1873, die in ihren Ausmaßen alle bisherigen Unternehmen in den Schatten stellte, lockte unzählige Besucher nach Wien. Vierzig Ausstellungsländer hatten über 53.000 Exponate – die neuesten Errungenschaften der Technik, Wirtschaft und Kultur – zur Schau gestellt. Die Anlage umfaßte ein Areal von über 16 Hektar und überbot damit um ein Gutteil das Pariser Weltausstellungsgelände des Jahres 1867.

Um das Durchqueren der riesigen Anlage auch für gebrechliche Personen zu ermöglichen, hatte man fünfhundert Rollwagen bereitgestellt. Die Taxe dafür betrug für die erste Stunde eineinhalb Gulden. Das war teuer, entsprach aber der Preisentwicklung in der Vorbereitungsphase und zur Zeit der Weltausstellung. Da jeder an dem Jahrhundertgeschäft, das man aus den Einnahmen der Ausstellung erwartete, mitverdienen wollte, schnellten die Preise binnen kurzem in nie dagewesene Höhen. Zum Vergleich: Bis 1873 hatte man zwei bis fünf Gulden für eine Hotelnächtigung gezahlt, ab 1873 mußte man dafür dreißig bis sechzig Gulden bezahlen.

Den architektonischen Mittelpunkt der Ausstellung bildete die Rotunde, ein zeitgenössisches Meisterwerk aus Stahl und Glas. Mit der Planung der trichterförmigen Dachkonstruktion hatte man den englischen Schiffsbauingenieur John Scott Russel betraut, dessen Berechnungen aber einige Mängel aufwiesen, sodaß man den Architekten Hasenauer mit der Neukonzipierung und der weiteren Ausführung des Baus beauftragte. Der Rundbau wies eine Gesamthöhe von 85 Metern aus (das entspricht beinahe zwei Drittel der Höhe des Stephansturmes) und hatte einen Durchmesser von 108 Metern. Auf der Spitze thronte ein schmiedeeisernes, vergoldetes Abbild der Habsburger Krone mit riesigen Glasperlen – ein Werk des Vorstehers der Schlossergemeinschaft Johann Gschmeidler. Als der deutsche Kaiser Wilhelm die Weltausstellung besuchte, bestieg er gemeinsam mit Fürst Bismarck das Dach der Rotunde, um sich von der Größe des Areals zu überzeugen.

Zum feierlichen Eröffnungsakt, den Kaiser Franz Joseph am 1. Mai 1873 vornahm, hatten sich außer der kaiserlichen Familie, einigen Erzherzogen und dem Hofstaat mehrere ausländische Herrscher und Abordnungen eingefunden. Den musikalischen Höhepunkt des Eröffnungsprogramms bildete der Auftritt eines sechshundertstimmigen Chors mit Orchester unter der Leitung von Johann Strauß Sohn, der – dem neuen Bauwerk zu Ehren – die »Rotunden Quadrille« komponiert hatte. Dem allgemeinen Festtaumel kam Carl Michael Ziehrer mit dem »Weltausstellungs-Walzer« entgegen, der zum ersten Mal in den Blumensälen gespielt wurde, und der Militärkapellmeister Philipp Fahrbach junior brachte den von ihm eigens verfaßten »Wiener Weltausstellungs-Marsch 1873« erstmals zu Gehör.

Trotz aller gemeinschaftlichen Anstrengungen endete die Weltausstellung mit einem Defizit von über neunzehn Millionen Gulden. Die sieben Millionen Besucher, unter denen sich der Schah von Persien, Zar Alexander III. von Rußland und der deutsche Kaiser – alle mit großem Gefolge – befunden hatten, spielten nicht mehr als vier Millionen Gulden ein. Als sich die Mißwirtschaft im Zusammenhang mit der Weltausstellung offenbarte, kam es am 9. Mai, dem sogenannten Schwarzen Freitag, zum Börsenkrach mit einer Fülle von katastrophalen Folgen. Hunderte von Firmen erklärten sich insolvent, viele der Inhaber und Direktoren begingen Selbstmord und hinterließen eine große Zahl unversorgt gebliebener Kinder und Ehefrauen. Ein neuerlicher Preisauftrieb bewirkte Massenarmut.

Die Rotunde allerdings sollte noch viele glanzvolle Tage erleben: In ihr gastierte der weltberühmte amerikanische Zirkus Barnum und Bailey, Kirschblütenfeste wurden gefeiert, Fischerei-, Jagd- und Spiritusausstellungen fanden statt, der Foucault'sche Pendelversuch wurde vorgeführt und die Reinhardt-Inszenierung von Vollmoellers »Mirakel« aufgeführt. Außerdem beherbergte die Rotunde die Adria-Ausstellung, für die man eigens einen elf Meter breiten Kanal angelegte hatte. Ein darauf liegender Dampfer, die ›Wien‹, war eigens zu einem Restaurant umgestaltet worden und erfreute sich als Ausflugsziel bei Wienbesuchern und Wienern großer Beliebtheit. Nach dem Ende der Monarchie verwendete man die Rotunde nur noch als Messehaus, bis sie am 17. September 1937 einem Brand zum Opfer fiel. Zehntausende Wiener zogen in den Prater, um sich wehmütig von einem Wahrzeichen zu verabschieden, das sie anfänglich nicht leiden mochten und als »architektonischen Guglhupf« geringgeschätzt hatten.

Am 30. Juli 1873 empfing Kaiser Franz Joseph anläßlich der Eröffnung der Weltausstellung den Herrscher Persiens, Schah Nasr-ed-din aus der Dynastie der Kadscharen, dessen Leibarzt schon Wochen vor seinem Aufenthalt die hygienischen Verhältnisse Wiens auskundschaften mußte. Vor allem wollte man sichergehen, daß die Stadt cholerafrei sei. Das war sie zum Zeitpunkt der Überprüfung, die Cholera brach aber während der Weltausstellung wieder aus und forderte ihre ersten Opfer unter Ausstellungsbesuchern in einem Hotel an der Nordbahnstraße.

Der Schah reiste aus Italien an und nahm den weiteren Weg über Innsbruck und Salzburg nach Wien. Die in einem Extrazug mitgeführten Haremsdamen ließ er aus persönlichen Sicherheitsgründen an der österreichischen Grenze zurück. Die Frauen hatten sich sehr darauf gefreut, das europäische Vergnügungsleben kennenzulernen, womit der Schah aber nicht einverstanden war. Er verbot ihnen, am öffentlichen Leben teilzunehmen, wogegen die Damen heftig protestierten. Daraufhin schickte er sie zurück in die heimatliche Abgeschiedenheit.

Seine Reiseutensilien führte der Schah anstatt in

Koffern in kleinen Päckchen mit sich, die mit schwarzem Tuch umwickelt waren. Das mitreisende Gefolge bestand aus einhundertzwanzig Personen, worunter sich der Gewandkämmerer, der Sattelüberwacher, der Obermundschenk und der Kammerdiener befanden, der – letzterer – auch Dienste als Astrologe zu versehen hatte. Außerdem hatte der Schah vierzig Hammel, Pferde, fünf Hunde und vier Gazellen mit im Gepäck.

Einem Zeitungsartikel entstammt die Meldung, daß der Hofastrologe des Schah dem Horoskop seines Herrn eine unsichere Weiterfahrt entnommen hatte. Die Reise würde ab Innsbruck unter keinem günstigen Stern stehen, weshalb der Schah von einer Fortsetzung der Fahrt absah und den Waggon, den er mit seinem Gefolge bewohnte, kurzerhand abkuppeln und auf einem Nebengeleis abstellen ließ. Erst als der Oberstkämmerer Graf Crenneville bei ihm erschien, den Kaiser Franz Joseph entgegengeschickt hatte, um dem Schah anzudeuten, daß er sein Leben aufs Spiel setze, wenn er weiterhin den Fahrplan mit der Astrologie verquicke, fügte der Schah sich den weiteren Anordnungen.

Wie der persische Herrscher diesen Zwischenfall erlebte und bewertete, liest sich in seinem Tagebuch unter der Eintragung vom 31.7.1873: »Für den österreichischen Begleiter schien die Welt untergehen zu wollen, als ich beim Eintreffen in einer Stadt, die Innsbruck heißt, den Wunsch äußerte, da zu übernachten. Das stand nicht in seinem Protokoll. Er suchte nach allen möglichen Ausreden. So habe er den Befehl, mich zu einer bestimmten Stunde an einer festgelegten Station abzuliefern, in der erst ein längerer Aufenthalt vorgesehen sei. Meine Absicht ließe sich nicht mit dem Fahrplan der Eisenbahn in Übereinstimmung bringen. Hier, in Innsbruck habe man kein Quartier vorbereitet. Und so rang er, der sture Höfling um die Einhaltung seines Programms. Er sollte aber den Willen des Königs der Könige kennenlernen – ich blieb und streckte mich auf dem Boden meines Wagens zur Ruhe hin. Das war mein Programm! Ich schlief herrlich. Nach fünf Stunden hatte ich mich prächtig ausgeruht. Ich ließ den General rufen und erklärte ihm, daß er mich jetzt weiterbringen könne.«

Wie sich der Eintragung entnehmen läßt, scheint man in Innsbruck keinen Aufenthalt genommen zu haben, trotzdem wurde in verschiedenen Zeitschriften eine Episode kolportiert, die sich zu nächtlicher Stunde zugetragen habe. Es wurde berichtet, der Schah habe in Gesellschaft seiner fünf Lieblingsknaben, die offiziell als Prinzen geführt wurden und die zwischen sieben und sechzehn Jahren alt waren, in Innsbruck ein Abendessen eingenommen, das aus neunzehn Gängen bestanden hatte. Einer dieser Prinzen sollte sich bei seinem Wiener Aufenthalt als ein Pariser Mädchen entpuppen, das bald in Ungnade fiel und ebenfalls in seine Heimat zurückgeschickt wurde. Auch im Zusammenhang mit dieser Geschichte sollte das persönliche Tagebuch des Schah zum Vergleich herangezogen werden: »Wie mir Gasteiger (ein Tiroler in Nasr-ed-dins Diensten) sagt, veröffentlichen hier die Zeitungsschreiber in den vielen Blättern, die sie täglich herausgeben, eine unglaubliche Menge von Unsinn und

Unwahrheit . . . Die einen von diesen Kerlen wollen wissen, daß ich eine Tänzerin aus der französischen Hauptstadt Paris in meinem Gefolge habe. Diese Frau soll sich als Page verkleidet haben, um weniger aufzufallen. Andere wieder sehen, wie sich angeblich jeden Abend zwei verschleierte Frauen zu mir ins Schloß schleichen . . . Dieses völlig verrückte Zeug fließt den Zeitungsschreibern so einfach aus der Feder, als sei es tatsächlich wahr.« (Tagebucheintragung vom 6.8.1873)

Die gesamte Wegstrecke innerhalb Österreichs durfte der Hofzug nur mit 25 Kilometern pro Stunde nehmen, da der Schah das Eisenbahnfahren nicht gewohnt war und ihn die übliche Reisegeschwindigkeit ängstigte. Wenn er die Toilette besuchte, ließ er anhalten, da ihn die Zugfahrt schon während des Sitzens genügend verunsicherte, geschweige denn erst bei der Verrichtung seiner dringenden Geschäfte. Trotzdem interessierte ihn das ihm völlig unbekannte Bahnwesen, er besichtigte sogar die Lokomotive und erkundigte sich nach ihrem Preis.

Am Bahnhof in Wien-Penzing nahm Kaiser Franz Joseph den Schah in Empfang. Er war schwarz gekleidet und trug am Kopf die hohe, schwarze, persische Lammfellmütze, auf die er wegen des festlichen Anlasses, die berühmte, kometartig geformte Agraffe mit dem Diamanten Derja Nur gesteckt hatte. Quer über sein Kleid verlief ein Band, das in sieben Reihen mit nußgroßen Diamanten besetzt war. Ein Krummschwert und ein breiter Gürtel, übersät mit weiteren Edelsteinen, vervollständigte das feierliche Kostüm.

Am Bahnhof bestieg der Kaiser mit seinem Gast eine Hofequipage und begleitete ihn nach Schloß Laxenburg, das ihm für seinen Wien-Aufenthalt als Residenz zur Verfügung gestellt wurde. Im sogenannten Blauen Hof, wo Kaiser Franz Joseph mit seiner Gemahlin die Flitterwochen verbracht hatte und wo sein Sohn Rudolf das Licht der Welt erblickte, erwartete eine Vielzahl von Angehörigen des Wiener Hofes den »König der Könige«. Die Begrüßungsansprache erwiderte der Schah schweigend, danach trat er an den damals vierzehnjährigen Kronprinzen Rudolf heran und küßte ihn dreimal auf die Stirn.

Daß der Kaiser bereits nach der Ankunft des persischen Herrschers verstimmt gewesen war, gilt als verläßlich, da man ihm schon am Bahnhof von Verwüstungen des Hofzugs Meldung gemacht hatte. Polster, Vorhänge und Damastüberzüge waren zum Teil verschwunden, zum Teil unglaublich verschmutzt. Die Teppiche waren von Zigarettenresten und den Holzkohlen der Glutpfannen, die man zum Anrauchen der Wasserpfeifen benötigt, angesengt. Solcherart auf die persischen Sitten vorbereitet, ließ den Kaiser um das Laxenburger Schloßinventar bangen. Während des achttägigen Aufenthalts des Schah versuchte eine große Zahl österreichischen Personals, das Gebäude unter Kontrolle zu halten, was aber nicht möglich war, da die heimischen Bediensteten die privaten Räume des persischen Herrschers nicht betreten durften. Obwohl für die Haltung der mitgeführten Hammel, Schafe und Hühner die Stallungen bereitgestellt wurden, hielt man eines der Gemächer im Blauen Hof für den geeigneteren Unterbringungsort der Tiere, in einem der Salons wurde sogar eine Schlachtbank eingerichtet. Außerdem erweiterte der Schah die Speisenzubereitungsräume um sein Schlafzimmer. Dort pflegte er – gemäß den Gesetzen seiner Religion, die ein tägliches Blutopfer vorschreiben – Hammel zu schlachten. In der Folge waren Tapeten und Teppiche mit Blutspritzern übersät. Die Parkettböden mußten nach der Abreise der persischen Gesellschaft vollständig erneuert werden, da sich die rote Flüssigkeit in das Holz hineingefressen hatte und nicht einmal durch Abschleifen wegzubekommen war. Vorhänge und Möbelbezüge hatte die persische Hofgesellschaft zum Reinigen der Messer benutzt und alle Räumlichkeiten als Toiletten verwendet.

Als gegen das Wissen und das Einverständnis des Schah einige Einzelheiten der Mißwirtschaft in Laxenburg bekannt wurden und an die Öffentlichkeit drangen, berichteten die Journalisten von den Taten des »Barbaren«. Diese Bezeichnung gefiel dem Herrscher gar nicht, und er verlangte, daß alle Schreiber, die ihn so genannt hatten, gehenkt werden sollten. Mit dem Vollzug der Todesstrafe scheint er – wie er in seinem Tagebuch immer wieder erwähnt – sehr großzügig umgegangen zu sein, da er sich gerne an dem Schauspiel erfreute. Auch in Österreich äußerte er den Wunsch, einer Hinrichtung beiwohnen zu dürfen. Man führte ihm, wie damals üblich, eine Exekution mit dem Strang vor, die ihm so gut gefiel, daß er noch mehrere sehen wollte. Da aber kein anderer zum Tod Verurteilter vorhanden war, erwählte der Schah spontan seinen Dolmetsch als Kandidaten, der daraufhin wütend zu schimpfen begann. Mit zunehmend lauter werdendem Gezeter und Getobe des Übersetzers bestand der Schah immer eifriger auf dem Vollzug und mußte bitter enttäuscht abziehen, als man ihm die Gefälligkeit verwehrte.

Am 2. August besuchte der Schah die Weltausstellung. Beim Rundgang mit dem Kaiser, dem Generaldirektor der Ausstellung Schwarz-Seborn und einem der vielen Vettern des Kaisers, Erzherzog Rainer, fiel ihm unter den Besuchern eine hübsche, mollige Frau auf. Da sie ihm besser gefiel als die Ausstellung, verließ er kurzerhand die Gesellschaft und schenkte nur noch ihr seine Aufmerksamkeit. Er strich in aller Öffentlichkeit mit der Hand über ihre Wangen, Arme und Brüste und lud sie ein, sich seinem Gefolge anzuschließen. Leider schweigt die Geschichte sowohl über den weiteren Verlauf des Dialogs als auch über den Ausgang des Unternehmens.

Unter anderem nahm der Schah während seines Wienaufenthalts auch an einer Galavorstellung in der Hofoper teil, und als man ihn fragte, ob er ein bestimmtes Musikstück wiederholt haben möchte, wünschte er, das erste Stück noch einmal zu hören. Man erfüllte ihm gerne den Wunsch, doch er war nicht zufrieden damit und erklärte, daß das von ihm gewünschte noch früher gespielt worden war. Nach eifrigen Verhandlungen stellte sich heraus, daß den Schah das Stimmen der Instrumente so sehr begeistert hatte, sodaß man es zu seiner großen Freude wiederholte.

Am 8. August verließ der Schah Österreich. Er hinterließ ein ziemlich devastiertes Schloß Laxenburg und trotz seines immensen Reichtums hohe Schulden bei den Wiener – wie zuvor bei den Pariser – Geschäftsleuten. Aus Frankreich war ihm ein Juwelier nachgereist, um 300 000 Francs einzutreiben, die ihm auch tatsächlich ausgehändigt wurden. In Österreich hatte die persische Gesellschaft hohe Restaurant-Rechnungen unbeglichen zurückgelassen, weshalb der Kellner vom »Goldenen Stern« die abreisende persische Gesellschaft noch am Bahnhof zu erreichen suchte. Er hatte für konsumierte Speisen einhundertsiebenundfünfzig Gulden einzufordern, die der persische Finanzminister Memalik Mounchi nicht willens war zu bezahlen. Er zuckte mit den Achseln und gab den Befehl zur prompten Abfahrt. Der Kellner ließ sich nicht entmutigen und wandte sich daraufhin mit seiner Forderung an den in Österreich akkreditierten persischen Generalkonsul. Als sich auch dieser weigerte, den Betrag zu erlegen, drohte der Inkassant mit Gewalt. Letztendlich fügte sich der Vertreter Persiens in sein Schicksal, zog die Brieftasche und beglich murrend die Schulden seiner Landsleute.

Wien wurde während des Ausstellungszeitraums von den Mitgliedern von zweiunddreißig Fürstenfamilien geradezu ›überschwemmt‹. Um dem Zeremoniell halbwegs Genüge tun zu können, wurden vier Zeremonienmeister – Graf Kalman Hunyady, Graf Leopold Thun, Baron Philipp Stillfried und Graf Hans Wilczek – neu ernannt, die den außerordentlich dicht anfallenden Dienst bei den hohen Gästen zu versehen hatten.

Wesentlich ruhiger als der Aufenthalt des Schah von

Persien verlief der Besuch des deutschen Kronprinzenpaares Friedrich (des nachmaligen deutschen Kaisers Friedrich III. Wilhelm) und seiner Gemahlin, Kronprinzessin Viktoria, einer Tochter Königin Viktorias von England, die in Schloß Hetzendorf einquartiert worden waren. Die Dame zeigte sich allerdings sehr verwundert, als der Zeremonienmeister ihr und ihrem Gemahl verschiedene Schlafzimmer zuwies. Sie protestierte dagegen und beorderte, das Bett des Ehemanns noch auf der Stelle in ihr Schlafgemach bringen zu lassen.

Schah Nasr-ed-din traf am 5. Juli 1878, von der Pariser Weltausstellung kommend, noch ein zweites Mal in Wien ein und wurde diesmal – wahrscheinlich aus Gründen der besseren Kontrolle – in der Hofburg untergebracht. Er beschäftigte sich diesmal eingehend mit der Organisation des Militär-, des Polizei-, des Post- und des Münzwesens, worin ihn die ansässigen Hofbeamten und Minister sorgfältig zu unterweisen hatten. Er bereitete eine weitgehende Reorganisation der persischen Einrichtungen nach österreichischem Muster vor. Alles in allem gestaltete sich dieser Aufenthalt wesentlich ruhiger als der vorhergegangene und ohne schlimmere Zwischenfälle oder Verluste.

Schah Nasr-ed-din wurde am 1. Mai 1896 durch einen Pistolenschuß von einem Anhänger der Sekte der Babi getötet, als er die Grabmoschee des bei Teheran gelegenen Wallfahrtsortes Schah-Abdul-Asun betrat. Nachfolger wurde sein zweitältester Sohn, Prinz Musaffer-ed-din (Sieger des Glaubens), der seit seinem fünften Lebensjahr zum Kronprinzen ausersehen war.

Musaffer-ed-din (geboren am 25. März 1853) war der fünfte Herrscher Persiens aus der seit 1794 regierenden Dynastie der Kadscharen.

Auch der Nasr-ed-din nachfolgende persische Herrscher fand seinen Weg nach Wien, und Kaiser Franz Joseph empfing ihn feierlich am Franz-Josephs-Bahnhof. Sein Gefolge bestand aus neunundzwanzig Personen. Den mehrere hundert Damen umfassenden Harem hatte er ebenso wie den Scharfrichter (der in Persien zum Hofstaat zählt) in der Heimat gelassen. Mit im Gefolge waren einige Staatsmänner, der Mundkoch und der Hofpoet. Der Schah befand sich auf einer Europareise und kam von Paris angereist, wo am 2. August 1900 auf ihn ein Attentat verübt worden war, das seine Begleitung aber abwehren konnte. Er wurde während seines Wienaufenthaltes in den Gästeappartements der Hofburg untergebracht und scheint dem Kaiser weniger Mühe bereitet zu haben als sein Vater: »Wir haben noch den Schah in Wien, aber Morgen Vormittag verlaßt er uns, um nach Buda-Pest und Constantinopel zu reisen. Da er ein kranker Mann ist und sehr viel Ruhe bedarf, so ist sein Besuch weniger mühsam, als ich fürchtete. Er versteht ganz gut französisch und kann auch einzelne französische Worte ausstossen, das Übrige geht per Dolmetsch ... Der Schah leidet beständig an Hitze, trinkt unausgesetzt Limonade und Eiswasser und fächelt sich mit Fächern, welche ihm die Damen leihen müssen, oder mit Theater- und Speisezetteln ...« (Brief Kaiser Franz Josephs an Katharina Schratt, 23. 9. 1900) Anläßlich mehrerer Galadiners, die ihm zu Ehren veranstaltet wurden, lernte der Schah die Tochter des Kronprinzen Rudolf, die damals siebzehnjährige Erzherzogin Elisabeth kennen, die ihn sosehr entzückte, daß er sie in seinem Harem aufnehmen wollte. Nach etlichen Besichtigungen, Diners und Opernbesuchen verließ der Schah am 24. September Wien in Richtung Budapest. Als Abschiedsgeschenk überreichte er dem Kaiser einen juwelenbesetzten Säbel.

Noch zweimal besuchte Musaffer-ed-din Österreich, das letzte Mal für einen Wiener Kurzaufenthalt im Juni des Jahres 1905. Er war aus Vichy in Frankreich angereist, wo er wegen eines Magenleidens einen Kuraufenthalt genommen hatte. Kaum zwei Jahre später erlag er am 8. Jänner 1907 einem Schlaganfall. Er hinterließ sechzehn Söhne, elf Töchter und einen märchenhaften Reichtum. In seinem und seines Vaters Nachlaß befanden sich ausführliche Tagebücher, in denen alles Bemerkenswerte anläßlich der Europareisen festgehalten war. Neben diesem heute literarisch anerkanntem Werk hinterließ der Sohn auch fotografische Aufnahmen von hoher künstlerischer Qualität.

Dem Verstorbenen folgte sein ältester Sohn, Schah Mohammed Ali Mirza, im Alter von vierunddreißig Jahren auf den Thron. Er regierte jedoch nur bis zum 16. Juli 1909, da er eine erst kurz zuvor gewährte Verfassung gegen den Willen seiner Untertanen wieder aufhob, weshalb man ihn spontan absetzte. Er traf im November 1910 als exilierter Herrscher in Wien ein. Als Quartier wählte der Schah (mit drei Frauen und drei Kindern) das Schönbrunner Parkhotel in Wien-Hietzing. Mit dem Auto unternahm er zahlreiche Ausflüge in die Umgebung Wiens, besuchte Sitzungen des Parlaments und studierte die kommunalen Einrichtungen der Stadt. Am 6. Dezember 1910 reiste der Exschah mit seiner Familie ab. Im Juli 1911 wagte er einen Versuch, den Pfauenthron zurückzuerobern, der aber mißlang. Die Regierungszeit der Kadscharen bedeutete für Persien eine Periode ständigen Niedergangs, man hatte 1813/28 Georgien, Transkaukasien und einen Teil Armeniens an Rußland verloren, das seit 1809 mit Großbritannien um Einfluß in Persien rang. Der letzte Kadscharenherrscher Ahmad Schah dankte 1925 ab. Sein Nachfolger wurde Resa Khan aus der Dynastie der Pahlawiden.

Einen anderen exotischen Herrscher begrüßte Kaiser Franz Joseph in der Person des Königs Chulalongkorn von Siam, der am 24. Juni 1897 in Wien eintraf und in der Folge etliche Empfänge und Diners zu seinen Ehren zu absolvieren hatte. Er zählte wegen seiner kultivierten Sitten zu den gerngesehenen Gästen am Wiener Hof. Von europäischem Kulturgut durchdrungen, suchte er mit etlichen kontinentalen Fürsten bekannt zu werden. Eine innige Freundschaft verband ihn mit Prinz Johann Albrecht von Mecklenburg, der anläßlich einer Weltreise einen Monat lang sein Gast in Bangkok gewesen war.

Ein weiterer exotischer Herrscher, der anläßlich der Weltausstellung des Jahres 1873 nach Wien gekommen war und den die Wiener wegen seiner Fröhlichkeit spontan in ihr Herz schlossen, war der sechsundvierzigjährige König David Kalakaua von Hawai. Man hatte für ihn im Hotel Imperial am Ring mehrere Zimmer reserviert, und der Stadtkommandant hatte ihm sogar eine Ehrenwache abgestellt. Von den Zeremonien und Gebräuchen des Landes unbeeindruckt geblieben, hielt sich der hawaianische König daran, sein Frühstück im Hotel nackt einzunehmen, was einige Hotelbedienstete beim Servieren irritiert haben soll. Zur Audienz beim Kaiser erschien er aber bekleidet in einem für den Anlaß eigens erstandenen Frack, in dem er sich nicht sehr wohl fühlte, ebenso wie ihm die Unterhaltung bei Hof keine Begeisterungsstürme entlockte. Als er hochoffiziell durch die Ausstellung geführt wurde, entwischte er seinem Führer und unternahm eine Entdeckungsreise durch den Wiener Prater.

Zunächst suchte er die »Csarda«, ein ungarisches Weinhaus auf dem Ausstellungsgelände, auf und versuchte sich an einigen Gläsern Weins. Daraufhin stattete er dem sogenannten »Dritten Kaffeehaus« einen Besuch ab, wo er in der Loge von Herrn Ronacher, dem Besitzer des Lokals, herzlich willkommen geheißen wurde. Vergnügt bummelte er später weiter durch den Wurstelprater und landete in illuminierter Stimmung im »Fünfkreuzer-Tanzlokal« Swoboda, wo man tanzen und sich auf alle Arten amüsieren konnte, ohne der deutschen, tschechischen oder ungarischen Sprache mächtig zu sein.

Bald kam der König von Hawai in die Hitze, entledigte sich der ungeliebten Frackjacke und löschte seinen Durst mit mehreren Gläsern Bier und Nußberger Weins, bis er – des Stehens und Gehens nicht mehr mächtig – den weiteren Aufenthalt unter einem Tisch nahm. Dort spürten ihn auch Beamte des heimischen

Sicherheitsdienstes auf, die ihn sorgsam in seine Gemächer im Hotel Imperial geleiteten.

Im Mai 1893 fand die Verlobung der Prinzessin Augusta von Bayern, einer Tochter der Erzherzogin Gisela und des Prinzen Leopold von Bayern, mit Erzherzog Josef, dem Sohn Erzherzog Josefs und der Prinzessin Klotilde von Sachsen-Coburg-Gotha, in Wien statt, wodurch der seit Jahrhunderten immer komplizierter werdende Verwandtschaftsgrad der Mitglieder der europäischen Fürstenhäuser um eine Schwierigkeit erweitert wurde: Die Brautleute standen in einem Verwandtschaftsverhältnis von Großonkel und Großnichte zweiten Grades zueinander, ihr gemeinsamer Urahn war Kaiser Leopold II.

Zur Hochzeit war auch ein indonesischer Fürst, Sultan Abu Bekr von Johore, geladen. Am Mittwoch, dem 17. Mai fand ein Galadiner im Zeremoniensaal der Hofburg statt. Der brillantenübersäte Sultan von Johore bot in seiner prächtigen Aufmachung, zur Linken des Kaisers sitzend, einen malerischen Anblick. Hinter ihm stand während der gesamten Dauer des Diners sein Leibdiener. Er war mit einem gelben Kaftan, der von einem blauen Stoffgürtel gehalten wurde, bekleidet, und die außen blaue und innen gelbe Kopfbedeckung, die auffallende Ähnlichkeit mit einem europäischen Damenhut hatte, verlieh auch ihm ein exotisch-märchenhaftes Aussehen. Mit großer Sorgsamkeit überprüfte er die seinem Herrn gereichten Speisen und Getränke, hob hier einen Deckel, zerschnitt dort eine Zuspeise und lehnte ab, was ihm aus religiösen Gründen nicht annehmbar erschien. Einen Teller Ragout schnappte er dem Fürsten vor der Nase weg, auf ebensolche Weise konfiszierte er später ein Glas Eispunsch.

Schon am frühen Morgen, der dem Galadiner vorausging, hatte der Leibdiener seinen Dienst in der Hofküche versehen, in dem er mit größtmöglicher Sorgfalt die Zubereitung der Speisen überwachte, um seinen Herrn von allem »Unreinen« zu bewahren.

Mitte Oktober 1893 empfing man indischen Besuch in Wien, den Maharadscha Dschagat Dschit Gurdit Singh von Kapurthala und seine Lieblingsgemahlin. Das fürstliche Paar hatte eine Weltreise hinter sich und nahm in Wien sein Quartier im Hotel Imperial. Der Maharadscha besuchte die Hofmuseen, das Rathaus, Schloß Schönbrunn, eine Vorstellung im Carl-Theater und nahm an einer Sitzung des Abgeordnetenhauses teil. Dann stattete er dem in Budapest weilenden Kaiser einen Kurzbesuch ab, um ihm seine Aufwartung zu machen.

Im Unterschied zum Fürsten, der regen Anteil am kulturellen Leben Wiens nahm und sich auch mit einigen hier weilenden ausländischen Regenten traf, war es seiner Ehefrau nach indischer Landessitte verboten, offizielle Besuche abzustatten oder zu empfangen, weshalb sie zu ihrem Leidwesen auch an den Hoffestlichkeiten nicht teilnehmen durfte. Wie schon in den anderen Städten, die sie gemeinsam mit dem Fürsten bereist hatte, ließ sie sich auch in Wien von einer Lehrerin in Sprachen und im Klavierspiel unterrichten. Da sie den Tanz über alles liebte, wurde für sie der Ballettmeister Voitus van Hamme engagiert, der ihr österreichische Tänze beibrachte. Über den Wiener Walzer soll sie so begeistert gewesen sein, daß sie jede Gelegenheit wahrnahm, um ihn gemeinsam mit dem Gemahl im Salon der Hotelsuite zu tanzen.

Obwohl vom Maharadscha etliche Bilddokumente erhalten sind, existiert keine Bild von seiner Gemahlin, da die Landessitte den Frauen verbietet, sich porträtieren zu lassen.

13
»Soviel Glut, beim Zeus, ich schwör es, ein verliebtes Aug nur hat«

Kaiser Franz Joseph und die Frauen

Den ersten interessierten Blick soll Kaiser Franz Joseph als Vierzehnjähriger auf eine Hofdame der Königin Elise von Preußen (einer Tochter König Maximilians I. von Bayern) geworfen haben. Die junge, hübsche und intelligente Bertha von Marwitz verfügte über ein fröhliches Wesen, und der Halbwüchsige verehrte sie glühend. Verwirrt gab er sich dem neuen, bis dahin unbekannten Gefühl hin. Zwei Jahre später sollte er in Bad Ischl noch einmal auf diese erste große Liebe treffen.

Mit achtzehn Jahren verliebte sich Franz Joseph in die verheiratete Gräfin Elisabeth Ugarte, eine Geborene von Rochow-Briest, aus Berlin. Sie war acht Jahre älter als er und seit vier Jahren mit dem Grafen Josef von Ugarte vermählt. Anläßlich eines Balls im Palais Kinsky, der im Fasching des Jahres 1848 in Wien stattfand, übernahm sie die Rolle der »Initiatrice« und führte Franz Joseph in die höheren Weihen der Liebe ein. Die Dame stand längere Zeit in der Gunst des jungen Mannes, bis sie von mehreren kurzen und heftigen Liebschaften verdrängt wurde. Den jugendlichen Übermut reagierte der Kaiser bei den Gemsenjagden in Bad Ischl ab.

Es dauerte nicht lange, und eine neue große Liebesgeschichte ließ die vorhergehenden in Vergessenheit geraten. Zunächst soll der junge Kaiser eine Beziehung zu Katherina Abel, einer Solokomikerin und Balletteuse des Wiener Carl-Theaters, unterhalten haben. Sie besuchte ihn oftmals heimlich in der Hofburg, und der junge Kaiser beschenkte sie so reichlich, daß sie mit den Liebesgaben ein Haus auf der Wieden erstehen konnte.

Einige Jahre später lernte Franz Joseph Helene Baltazzi, spätere Baronin Vetsera und Mutter der Mary Vetsera, kennen und lieben.

Die Romanze dauerte nicht lange, sie soll der Dame aber eine Abfertigung von drei Millionen Kronen eingebracht haben.

Eine andere Liebesgeschichte steht in Zusammenhang mit dem am 18. Februar 1853 auf Kaiser Franz Joseph verübten Attentat, als der Schneidergeselle János Libényi aus der Wiener Leopoldstadt ein 41,5 Zentimeter langes, beidseitig geschliffenes Messer gegen den Monarchen führte. Laut offizieller Aussage hieß es, er sei ungarischer Anarchist gewesen, der sich den Kaiser als prominentes Opfer erwählt hatte. Gemäß der Meinung einiger anderer Zeitgenossen hätte hinter diesem Anschlag ein Racheakt gesteckt, der auf eine Liebschaft zwischen dem jungen Kaiser und einer Ungarin zurückzuführen war und die ein Familienangehöriger »ins Reine« bringen sollte.

Monate vor dem Attentat war Kaiser Franz Joseph

während eines Praterbesuchs ein Mädchen aufgefallen, das vor einer Schaubude stand und die neugierigen Blicke des jungen Monarchen heftig erwiderte. Um ihn noch mehr für sich zu interessieren, brachte es ihm eine temperamentvolle Csardas-Einlage dar. Der Kaiser ließ Erkundigungen über das Mädchen einholen und erfuhr, daß es eine Nichte der Budenbesitzerin, einer gewissen Frau Danzinger, war, Margit Libényi hieß und aus dem ungarischen Dorf Czakvar stamme. Im Laufe einer folgenden Bekanntschaft soll ihr Kaiser Franz Joseph auch eine Ausbildung als Tänzerin bezahlt haben.

Zu jener Zeit hatte einer der Brüder Kaiser Franz Josephs, Erzherzog (Ferdinand) Maximilian, der spätere Kaiser von Mexiko, das Libretto zu einer Oper verfaßt, deren Aufführung der Kaiser aber zu verhindern wußte. Angeblich hätte nun Erzherzog Max Kontakt zu dieser Tänzerin aufgenommen, ihr eine glanzvolle Tanzrolle in der Oper zugesagt für den Fall, daß es ihr gelänge, den Kaiser umzustimmen. Es kam dann tatsächlich zur Aufführung des Werkes, die Künstlerin erntete mit ihrer Darstellung großen Beifall und wurde am Tag nach der Premiere zum Mitglied des kaiserlichen Balletts ernannt. Sie nahm einen Künstlernamen an und tanzte fortan unter dem Pseudonym Mizzi Langer.

Der Ruf der Ungarin als Kaiserliebchen war bis in ihr Heimatdorf gedrungen und soll dort viel Aufruhr unter der Bevölkerung verursacht haben. Die Bitten ihres Bruders, János Libényi, sie möge sich vom Kaiser lossagen, blieben unbeantwortet, und so faßte der »Entehrte« den Entschluß, die Schuld der Schwester durch ein Attentat auf den Kaiser zu sühnen.

Der weitere Verlauf der Geschichte ist bekannt: Der Anschlag mißlang, weil eine Frau den sich dem Kaiser nähernden Mann mit Messer bemerkt hatte und aufschrie, woraufhin man auf den Täter aufmerksam wurde und ihn überwältigen konnte. Beim folgenden Polizei-Verhör soll Libényi den wahren Grund des Attentats zugegeben haben.

Der Kaiser trennte sich in der Folge von der Tänzerin, nachdem er sie und ihre Mutter großzügig abgefunden hatte. Er bestand sogar darauf, den Attentäter zu begnadigen, was die Mitglieder der Regierung mit der Drohung ihres sofortigen Rücktritts verhinderten. Libényi wurde am Morgen des 26. Februar 1853 bei der Spinnerin am Kreuz gehenkt, sein Leichnam dreißig Schritte hinter dem Galgen in der Erde verscharrt.

In der Wäschekammer der Hofburg war in den Jahren 1870 bis 1873 ein gewisses Fräulein Rosa Moskowitz als Weißnäherin beschäftigt, das ebenfalls eine Zeit lang in der Gunst des Kaisers gestanden hatte. Nach drei Jahren Dienstes in der Hofburg war es ihr plötzlich möglich geworden, sich ins Privatleben zurückzuziehen. Sie erhielt von da ab eine vom Hofärar auf Lebenszeit ausbezahlte Rente von dreihundert Gulden. Ihre Tochter, Bobarle Margarete Braun, soll ein Kind Kaiser Franz Josephs gewesen sein. Immerhin konnte sie als Erwachsene den Grafen Andreas Zichy ehelichen, von dem sie sich aber bald wieder scheiden ließ. Nach erfolgter Trennung ging sie nach Paris und erhielt bis zum Jahr 1918 eine Rente von der österreichischen Botschaft ausbezahlt. Später heiratete sie einen Amerikaner namens Miles und nach dessen Tod einen Herrn Rogers. Miles war US-Repräsentant der Internationalen Handelskammer in Basel gewesen.

Elf Jahre lang, von 1878 bis 1889, soll Kaiser Franz Joseph eine Liebesverbindung zu Anna Nahowska unterhalten haben, der Tochter des Kaufmanns Franz Nowak, der in Wien in der Tuchlauben einen Laden besaß. Der Kaiser hatte sie während seiner morgendlichen Spaziergänge im Schönbrunner Schloßpark kennengelernt. Sie war mit einem Herrn Heuduck verheiratet gewesen, mit dem sie in der Hetzendorfer Straße (in der heutigen Maxingstraße) in einer sie enttäuschenden Ehe lebte. Aus dieser Verbindung stammt eine Tochter Carola. Ihr Ehemann war ein notorischer Spieler, worunter sie sehr litt, und nach einigen größeren Auseinandersetzungen wurde die Ehe geschieden. Später heiratete sie Franz Nahowski, den Sohn des polnischen Bürgermeisters in Biala, der ein Beamter bei der k.k. Privilegierten Südbahngesellschaft war. Man bewohnte weiterhin die Villa in Hietzing. Hier wurden auch 1885 und 1889 die beiden Kinder Helene und Franz Joseph geboren, von denen wahrscheinlich nur die Tochter aus der Verbindung mit dem Kaiser stammte. Helene, die später den Komponisten Alban Berg heiratete, berichtete von den Morgenbesuchen des Kaisers, der in der Nahowski-Villa – wie später bei Katharina Schratt – gerne das Frühstück (Kaffee mit Gebäck vom Hofbäcker Stumpf am Hietzinger Platz oder einen selbstgebackenen Guglhupf von Frau Nahowska) eingenommen hatte. Irgendwann während des Jahres 1889 muß es zum Bruch der Beziehung gekommen sein – wahrscheinlich wegen der neu aufkeimenden Liebe zu Katharina Schratt –, weshalb die Vorgängerin, die nur wenige Meter von ihrer Nachfolgerin entfernt wohnte, dem Kaiser bei seinen Besuchen in der Villa Kiss-Schratt fortan wohl oder übel zuschauen mußte.

Ab dem Jahr 1889 erhielt die Haushälterin im Nahowskischen Haushalt aus dem Habsburger Familienfonds ein einmaliges Schweigegeld von eintausend Gulden, und auch Anna Nahowska wurde großzügig abgefunden.

Wahrscheinlich hat es im Leben Kaiser Franz Josephs noch andere Beziehungen gegeben, vielleicht auch noch die eine oder andere Liebesnacht. In einem kaiserlichen Jagdrevier lebte ein Mann, der behauptete, ein Sohn des Kaisers zu sein. Seine ledige Mutter war Sennerin, der Kaiser hätte sie anläßlich einer Jagd auf der Alm kennengelernt. Von Minister Baron Gautsch wurde ebenfalls behauptet, er sei ein natürlicher Sohn des Kaisers gewesen.

Die bekannteste und zu ihrer Zeit meistdiskutierte Verbindung des Kaisers war die drei Jahrzehnte lang währende Freundschaft zu Katharina Schratt, der k.k. Hofschauspielerin des Wiener Burgtheaters. Sie war am 11. September 1853 in Baden bei Wien (heute Renngasse 1) als Tochter Anton Schratts (1804–1880) geboren worden, der als Kaufmann sehr erfolgreich tätig gewesen war. Der Großvater, der aus Konstanz am Bodensee stammende Chrysostomus Schratt, hatte sich

1804 in Baden als Bade- und Kreiswundarzt niedergelassen.

Katharina Schratt liebte es schon als Kind, bei Festen durch kleine schauspielerische Einlagen hervorzutreten, weshalb sie bereits als Zehnjährige den Beschluß faßte, ihr künftiges Leben dem Theater zu widmen. Sie besuchte heimlich Theatervorstellungen, und es gelang ihr schon im Kindesalter, in der Badener Arena eine kleine Rolle übernehmen zu dürfen. Von der Theateridee versuchten sie die Eltern abzubringen, indem sie sie in ein Pensionat nach Köln steckten. Dort fühlte sich die Leiterin aber mit der Erziehung der Theaterbesessenen bald überfordert und schickte sie nach Hause zurück. Der mittlerweile von der Mission der Tochter überzeugte Vater, Anton Schratt, ließ sie in der Kierschner'schen Theater-Akademie einschreiben, die damals zu den renommiertesten Unternehmungen zählte. Nach einem ersten Engagement in Berlin holte Heinrich Laube, der 1849–1867 das Burgtheater geleitet hatte, Katharina Schratt an das neu errichtete Wiener Stadttheater, dessen Direktor er nun war. Die junge Schauspielerin trat dort mit großem Erfolg als jugendliche Naive auf und rückte später auch in ernsteren Rollen zum Publikumsliebling auf.

Irgendwann verliebte sich Graf Heinrich Chorinsky, der Sohn des ehemaligen Statthalters von Niederösterreich, ein Hasardspieler, in die Schauspielerin und bat sie um ihre Hand. Die Schratt lehnte dankend ab, da ihr die Idee, mit einem vermögenslosen Kavalier zu leben, niemals in den Sinn gekommen war. Der verliebte Mann vergrub sich daraufhin einige Zeit im Jockey-

Club (das Haus befand sich der Albertina gegenüber; ein heute noch existierender Hemdenschneider erinnert mit seinem Namen an die damalige Einrichtung), um allabendlich sein Glück mit Baccarat zu versuchen, – nicht ohne sich zuvor in der Franziskanerkirche des göttlichen Beistands zu versichern. Nach einigen Wochen erschien er abermals bei Katharina Schratt, warf einhunderttausend gewonnene Gulden in Banknoten auf ihren Tisch und meinte, daß nun einer Heirat nichts mehr im Wege stehen könnte. Die Schauspielerin zeigte sich aber wenig beeindruckt und gab ihm freundlich zu verstehen, daß sie ihr Lebensglück niemals einem Spieler anvertrauen würde (ohne zu ahnen, daß sie diesem Laster selber verfallen würde). Chorinsky zog sich in den Jockey-Club zurück, wo er mit wechselndem Glück die Abende fristete. Er starb vereinsamt und verarmt im Salzburger Asylantenheim.

Zurück zu Katharina Schratt, die einige Zeit hindurch als Schauspielerin in Amerika arbeitete. Am 27. Februar 1882 berichtete sie einer Freundin in Wien in einem Brief über die ungewohnt erfreulichen wirtschaftlichen Verhältnisse – ein Zustand, der in ihrem Leben nicht oft wiederkehren sollte: ». . . in Newyork war am 2. 2. die Première von ›Cyprienne‹ . . . dann habe ich in ›Die Grille‹ und ›Die kleine Mama‹ gespielt . . . jeden Tag schwere Proben und Vorstellungen . . . Was mir aber in Wien nie gelungen, *hier* ist es eingetroffen: ich habe Geld (und für die kurze Zeit ziemlich viel) auf der Bank liegen, was mich ganz stolz macht. In St. Louis, Chicago, Milwaukee, Cincinnati, Philadelphia habe ich Anträge zu Gastspielen bekommen . . .«

Nach Wien zurückgekehrt, erhielt sie ein Engagement ans Burgtheater, wo sie 1887 für ihre Verdienste mit dem Titel einer k.k. Hofschauspielerin ausgezeichnet wurde.

Katharina Schratt war seit September 1879 mit dem ungarischen Baron Nikolaus Kiss von Ittebe verheiratet, der einem ursprünglich begüterten Adelsgeschlecht entstammte. Aber sein Vater hatte – obwohl schon in jungen Jahren entmündigt – einen beträchtlichen Teil des Vermögens durchgebracht, den verbleibenden Rest hatten die beiden Söhne Nikolaus und Ellmar wenig später gänzlich aufgezehrt. Außerdem erlitt Katharina Schratts Ehemann beim Börsenkrach des Jahres 1873 hohe Verluste und flüchtete ins Ausland. Später gelang es ihm, wieder nach Wien zurückkehren zu dürfen. Von seiner Ehefrau trennte er sich im gegenseitigen Einvernehmen (ohne sich scheiden zu lassen), und er beschloß, den weiteren Lebensunterhalt mit einer diplomatischen Karriere zu bestreiten – als Vizekonsul in Tunis und Buenos Aires, als Konsul in Barcelona und Algier. Die Posten verbesserten sich mit zunehmender Freundschaft des Kaisers zu Katharina Schratt. Nikolaus Kiss von Ittebe verstarb im Jahr 1906.

Der Verbindung Kiss-Schratt entstammte ein Sohn, Anton, der im Theresianum erzogen wurde. Auch er wurde Diplomat und begann seine Laufbahn als Attaché in Konstantinopel. Später gehörte er den Gesandtschaften in Stockholm und Brüssel an, wo er den Posten eines Legationssekretärs innehatte. Nach zweijähriger Kriegsdienstleistung wurde er dem Delegierten des Außenministeriums in Warschau zugeteilt und zum Legationsrat ernannt. Er war mit Vera Lindes verheiratet, die Ehe blieb kinderlos. Anton von Kiss, dem der Kaiser 1911 die ungarische Baronie ad personam verliehen hatte, genoß das Privileg, den Kaiser unangemeldet besuchen zu dürfen und sich nur durch den Kammerdiener zum Kaiser führen zu lassen.

Bevor Kaiserin Elisabeth dem Gemahl die Schauspielerin als Gesellschafterin zugeführt hatte, um ihn für die vielen Abwesenheiten zu entschädigen, waren Kaiser Franz Joseph und Katharina Schratt einander schon bei einigen offiziellen Anlässen begegnet. Die Kaiserin hatte mit der Schauspielerin eine kluge Wahl getroffen. Sie verfügte nicht nur über ein fröhliches, warmherziges Wesen, sondern es gelang ihr auch meisterhaft, den um dreiundzwanzig Jahre älteren Mann mit Theatergeschichten und lockerem Geplauder gut zu unterhalten. Kaiser Franz Joseph wurde es bald zur lieben Gewohnheit, sich um sieben Uhr früh in der Villa der ›Gnädigen Frau‹ in der Gloriettegasse in Hietzing einzufinden, die er von Schloß Schönbrunn aus durch den Tiroler Garten in wenigen Minuten erreichen konnte, um dort ein zweites Frühstück einzunehmen.

Um ein Uhr mittags pflegte Kaiser Franz Joseph oft in Gesellschaft der Schauspielerin in dem für ihn reservierten Teil des Schönbrunner Schloßparks, dem Kammergarten, ausgedehnte Spaziergänge zu unternehmen. Hier fühlte man sich ungestört und von niemandem beobachtet. Wahrscheinlich verfolgten das Paar aber auch dort die Blicke vieler im Schloß Bediensteten, denn von den höherliegenden Fenstern des Gebäudes genießt man bis heute eine gute Sicht auf die Parkanlage.

Tom Dreger, ein an einem Porträt des Kaisers arbeitender Maler, wurde eines Tages Zeuge eines solchen Spaziergangs. Vier Monate lang hatte ihm der Kaiser zu einem Porträt in englischer Marschallsuniform gesessen, das besonders wirklichkeitsgetreu gelungen sein soll, als es eines Tages in noch nicht fertigem Zustand verschwand. Es wurde wochenlang in allen Winkeln des Schlosses gesucht, blieb aber unauffindbar. Daraufhin beschloß der Künstler einen Racheakt, dem der Monarch – allerdings auf harmlose Weise – zum Opfer fallen sollte.

Als er das letzte Mal in Schloß Schönbrunn war, um seine Utensilien zusammenzupacken, bemerkte er im Park den mit Frau Schratt spazierenden Kaiser. Er griff zu seiner Kamera und hielt – durch Jalousien verdeckt – den privaten Augenblick fest.

Leibkammerdiener Ketterl entdeckte den heimlichen Beobachter, konnte das Foto aber nicht mehr verhindern. Damit Ketterl ihn nicht verriet, schenkte Dreger ihm später einen Abzug des Fotos, den der Diener wie die vielen anderen Erinnerungsstücke an den hohen Vorgesetzten ein Leben lang mit sorgfältiger Liebe verwahrte (ein Abzug dieses Photos befand sich im Privatbesitz Josef Cachées, es gilt aber leider als verschollen).

Auch die Kaiserin scheint das Paar öfter vom Fenster aus beobachtet zu haben, wie eines ihrer Gedichte belegt:

Zwiegespräch auf dem Schönbrunner Parterre.

... Sieh das Paar, das sich dort naht,
So viel Glut, beim Zeus, ich schwör es,
Ein verliebtes Aug nur hat.
Liebe leiht dem Alter Schwingen,
Ist das Haupt auch glatt und kahl.
Amors Pfeile tiefer dringen
In ein altes Herz zumal ...

Das Alter des Kaisers betrug in der Entstehungszeit des Gedichts achtundfünfzig Jahre. Die Beziehung zwischen dem Kaiser und Katharina Schratt geriet immer inniger, und als die beiden im Sommer 1888 im Schloßpark spazierten, wurden sie abermals von der Kaiserin beobachtet.

Abendgang

... Achtundfünfzig Winter zogen
Spurlos deinem (Kaiser Franz Josephs)
Herz vorbei,
Schlägt es doch wie ein verliebter
Kuckuck heut, im Monat Mai!

Für die Ischler Aufenthalte hatte Katharina Schratt die Villa Felicitas erworben, die nur durch einen Bach vom Park der Kaiservilla getrennt ist. Dort besuchte sie Kaiser Franz Joseph gern zum Frühstück oder zu einem ausgiebigen Mahl mit zünftiger Unterhaltung. Die Schauspielerin wußte ihn mit gutem Essen zu verwöhnen und bereitete ihm die Gerichte mit viel Liebe und

Sorgfalt zu: Wiener Kaffee mit Schlagobers, würzigen Guglhupf und deftige Krenwürstel, die der Kaiser wie viele volkstümliche Speisen besonders liebte. Sie nahm das vorbereitete Essen mit ihm gemeinsam ein, da er, wenn er allein war, alles mit wenig Appetit rasch hinunterschlang.

Manchmal nahmen an den gemeinsamen Treffen des Paares auch illustre Gäste teil wie der Schauspieler Alexander Girardi (mit dem sich Katharina Schratt beinahe verlobt hätte), der Architekt Karl Seidl aus Mährisch-Schönberg und der finanzgewaltige Eduard Palmer, der einen Salon am Kolowratring führte und der die Schuldenlast Katharina Schratts, die durch die Spekulationen ihres Ehemanns entstanden war, durch eine Sammlung abtragen half. Mehr als ein Viertel des ausstehenden Restbetrags wurde mit Genehmigung des Kaisers vom Generaldirektor des kaiserlichen Familienfonds, Baron Meyr, erlegt. Palmer, der als Vizepräsident der Länderbank verstarb, gilt als der Urheber unzähliger Schratt-Briefe an den Kaiser, die die im Aufsetzen von Text unsichere Schauspielerin nach seiner Vorlage kopierte.

Zur Deckung der Kosten für die Besuche des Kaisers stand Katharina Schratt eine jährliche Apanage von ungefähr dreißigtausend Gulden zur Verfügung, die meist durch private Zuwendungen von Seiten Kaiser Franz Josephs aufgestockt wurden. Außerdem findet sich in den Briefen an die Schauspielerin jährlich zur selben Zeit (im Fasching) die Bitte, eine bestimmte Summe Geldes für die Erweiterung der Toilette anzunehmen. »Der Fasching naht seinem Ende, derselbe erfordert schöne Kleider, diese sind theuer, Sie sollen und dürfen keine Schulden machen und so wäre ich Ihnen zu innigstem Danke verpflichtet, wenn Sie beiliegenden kleinen Betrag zu den Kosten Ihrer Toilette in Freundschaft annehmen wollten. Ich halte Sie für eine ausgezeichnete und talentvolle Frau, aber von Ihren finanziellen Talenten bin ich noch nicht ganz überzeugt . . .« (Brief vom 17. 2. 1887)

Aber nicht nur die aufwendigen Haushaltsführungen – die Vertraute des Kaisers besaß seit dem Jahr 1907 ein Haus am Wiener Kärntnerring 4, das ehemalige Palais des Bankiers J. R. von Königswarter, sowie die Villen in Hietzing und in Bad Ischl – verschlangen riesige Summen Geldes, hinzu kamen unzählige Reisen, Kuraufenthalte und Casinobesuche. Die Schauspielerin war der Spielsucht verfallen, die an ihrem Vermögen zehrte. Die Deckung der Schulden übernahm der verliebte Kaiser, der die Kaufsucht und die finanzielle Mißwirtschaft seiner Frauen als weiblichen Charakterzug hinnahm und die Begleichung der Rechnungen als eine Art Minnedienst versah. Ab und an erlaubte er sich der Freundin gegenüber eine zaghafte Mahnung: ». . . bitte Sie aber freundlichst, nicht zu große Summen zu verlieren.« Einen schärferen Ton wagte er nicht anzuschlagen, da er nur trotziges Stillschweigen und Liebesentzug geerntet hätte. Katharina Schratt hielt sich bevorzugt im Spielkasino von Monte Carlo auf. Er selbst hatte die dortigen Spielsäle einmal aus Neugierde besucht (wahrscheinlich auch um der Freundin zu imponieren), kam aber selbst nicht zum Spielen: »Daß ich auch in den Spielsäälen (sic) war, mögen Ihnen die beiliegenden Karten beweisen, aber gespielt habe ich nicht, denn dazu war die Situation doch zu bedenklich. Ich war mit Liechtenstein, Paar und Berzeviczy Nachmittag nach Monte Carlo gefahren, konnte noch unerkannt die schönen Gartenanlagen und die Terrasse ansehen und in die Spielsääle gelangen. Nachdem ich der Roulette und dem Trente et Quarante an mehreren Tischen zugesehen hatte, fing das zahlreiche Publikum an, unruhig und neugierig zu werden. Es war die höchste Zeit abzufahren und von einer Schaar (sic) Menschen gefolgt, erreichten wir unsere Wägen und fuhren nach Monaco.« (Brief Kaiser Franz Josephs an Katharina Schratt aus Cap Martin, 2. 3.1894)

Wie viele Schauspieler und Spieler war Katharina Schratt sehr abergläubisch und berührte allabendlich vor dem Besuch des Kasinos den Buckel eines mißgestalteten Mannes namens Jules Marigny, was besonderes Glück bringen sollte. Der Bemitleidenswerte versah vier Jahrzehnte lang am Eingang des Kasinos seinen Dienst als Maskottchen, wofür er wahrscheinlich als einziger der dort Anwesenden regelmäßig Geld mit nach Hause nahm. Die Spieler entlohnten ihn für seine Anwesenheit mit einem stattlichen Honorar. Trotzdem führte er ein Leben in Einsamkeit und starb im April 1932 in ärmlichsten Verhältnissen.

Katharina Schratt galt als besonders tierliebend, weshalb sowohl die Wiener Villa als auch das Ischler Haus mit einer Unzahl von Vierbeinern und geflügelten Pfleglingen bevölkert waren. Im Park der Villa Felicitas gehörten dem Haushalt sogar zahme Rehe an, die liebevoll versorgt wurden und in den acht bis zehn

Hunden der Schauspielerin eine fröhliche Gesellschaft fanden. Der erklärte Liebling Katharina Schratts war ein kleiner Seidenpinscher namens Uhl, der im Alter völlig erblindete. Als er eines Tages unter die Räder der Stadtbahn kam, konnte seine Pflegemutter den Verlust des Tieres wochenlang nicht verwinden.

Weitere Belebung erfuhr der Haushalt durch ein paar Seidenäffchen, die in einem großen Käfig wohnten. Als Schrecken des Hauses galt die Meerkatze Gigi, die raffinierte und boshafte Tricks beherrschte, um unter allem Tiervolk die Aufmerksamkeit allein auf sich zu lenken. Unter den prächtigen Vögeln (Aras und Kakadus) stach ein besonders gelehriger Grünpapagei hervor, der die kaiserlichen Frühstücke mit nicht immer salonfähigen Ausdrücken untermalte.

Zurück zum Kaiser und seiner Vorliebe für abgetragene Kleider, von denen er sich – selbst wenn sie schäbig oder löchrig geworden waren – nur ungern trennte. Der Zustand der Garderobe sollte in der Ära Schratt eine wesentliche Verbesserung erfahren, indem die Schauspielerin mit dem Leibkammerdiener Ketterl eine Art Interessensgemeinschaft ins Leben rief, deren hauptsächliche Aufgabe darin bestand, hinter dem Rücken des Kaisers neue Stücke beim Hofschneider Uzel in Auftrag zu geben. Die fertigen Kleider wurden später heimlich gegen die alten ausgetauscht. Als der Kaiser im Herbst 1907 erkrankte, ließ Katharina Schratt zwei altgediente Kamelhaardecken durch eine große, seidene Daunendecke ersetzen und befahl, daß man dem Kranken einen Thermophor unter die Decke lege. Für das Weihnachtsfest 1908 hatte

17 Kaiser Franz Joseph reitet auf den Schmelzer Exerzierplatz

18 Letzter Ausritt des Kaisers in der Umgebung von Bad Ischl 1913

19 Kaiser Karl entsteigt dem von Kaiser Franz Joseph übernommenen Gräf & Stift-Wagen

20 Impressionen auf Bahnhöfen

21

22

23 Schah Nasr-ed-din von Persien im August 1873

24 Chulalonkorn, König von Siam, im Juni 1897

25 Der König von Siam (ganz links) gemeinsam mit Erzherzog Ludwig Viktor, dem jüngsten Bruder Kaiser Franz Josephs, am Kahlenberg im Juni 1897

Eugen Ketterl folgende Geschenke aufgelistet, die von Sinnhaftigkeit und Nützlichkeit zeugen: »Pelzdecke sehr leicht, f. geschl. Wagen, Vasen (Metall oder Glas 15 Ctm. hoch), Zeiss-Feldstecher für Manöver, Zigarrentasche zum schieben für 5 Stück Zigarren (60. Jub.), Kognak.«

Trotz aller Freundschaft zwischen Kaiser Franz Joseph und Katharina Schratt, die vor allem von Seiten der Schauspielerin immer wieder aufs heftigste strapaziert wurde, schien ihr Name im letzten Testament des Kaisers nicht auf, obwohl sie in einer früheren Ausgabe mit einem Legat von fünfhunderttausend Gulden bedacht worden war. Zum Vergleich dazu ein Brief Kaiser Franz Josephs an Katharina Schratt vom 28. 2. 1889 aus Ofen: ». . . Gestern und Vorgestern hatte ich den Staatsrath Braun und General Direktor Baron Mayr hier, mit denen ich mein neues Testament entworfen habe . . . Nun bin ich mit dieser Arbeit fertig, die beiden Herrn sind nach Wien zurückgereist, von wo sie mir die Reinschrift zum Unterfertigen schicken werden. Wenn das geschehen sein wird, werde ich erst beruhigter sein, denn man kann ja nicht wissen, was einem jeden Augenblick passiren kann. Ich habe Sie so bedacht, daß Sie auch nach meinem Tode von Sorgen frei sein können. Das Nähere werde ich Ihnen mündlich mitteilen.«

Auch ohne testamentarisch mit einer größeren Summe bedacht worden zu sein, konnte die Schauspielerin nach dem Tod Kaiser Franz Josephs ein sorgenfreies Leben fristen. Sie hatte zu Lebzeiten des Monarchen Hunderte von kostbaren Schmuckstücken erhalten, mit deren Verkauf sie einen angenehmen Lebensunterhalt bestreiten konnte. Sie überlebte ihren Gönner um vierundzwanzig Jahre und starb während des Zweiten Weltkriegs, am 17. April 1940, in ihrem Haus am Wiener Kärnterring.

14
Der Kaiser ist nicht tot, im Sarg liegt eine Puppe

Über die letzten Lebenstage

Als am 22. November 1916 verlautbart wurde, daß der Kaiser einen Tag zuvor die irdische Welt für immer verlassen hatte, wollte es zunächst niemand wahrhaben. Ein Gerücht wurde laut und verbreitete sich blitzschnell im Land: Der Kaiser sei gar nicht tot, im Sarg liege anstelle des Kaisers eine hölzerne Puppe. Eine andere abstruse Vermutung ging dahin, daß die Rolle des regierungsmüden Kaisers schon lange ein Doppelgänger übernommen hatte. Von solchen Kaiser-Doubletten wurde immer gemunkelt, tatsächlich scheinen einige existiert zu haben und für verschiedene Dienste herangezogen worden zu sein. Ähnliche Gerüchte über nur zum Schein Verstorbene hatten schon nach dem Ableben des Kronprinzen Rudolf kursiert, denen zufolge der Kaisersohn im Ausland geheim weitergelebt hätte; ebenso verbreitete man das Gerücht, daß Kaiserin Elisabeth ihren Tod als Vorwand benutzte, um ihr Leben an einem stillen Ort unbeobachtet und in Frieden führen zu können.

Die Legenden und Gerüchte um den Tod des Kaisers sind verständlicher, wenn man sich die achtundsechzigjährige Regentschaft vor Augen führt: drei bis vier Generationen von Österreichern kannten nichts anderes als ein Land unter seiner Leitung. Deshalb hinterließ sein Tod im Volk nicht nur die Trauer um den Verstorbenen, sondern auch wehmütige Erinnerung an eine nie wiederkehrende Epoche und Angst (man lebte zudem im dritten Jahr des Ersten Weltkriegs), was die Zukunft bescheren würde. »An jenem unvergeßlichen Novemberabende, an dem Kaiser Franz Josephs sterbliches Teil aus dem Schönbrunner Schlosse in die Hofburg überführt werden sollte, hatte sich in der ungeheueren Menschenmenge, die den ganzen langen Trauerweg säumte, eine Gruppe junger Leute zusammengefunden, die das Warten auf das Nahen des Überführungskonduktes mit leisen Gesprächen füllte, die allesamt der Bedeutung des dahingegangenen Herrschers galten. Ein jeder der hier Sprechenden trug nach Wissen, Stand und Temperament sein Teil zu der Trauerrede bei, zu der dieses Gespräch allmählich wurde. – Ganz nahe diesen jungen Leuten, die, eng aneinandergepreßt, hier in Ergriffenheit von einem Schicksale, das mehr war als eines Menschen Schicksal, sprachen, stand ein hochgewachsener Offizier, der seinen schneeweißen Bart so trug, wie ihn der verstorbene Kaiser getragen hatte. Er schien dem Gespräche schweigend zu lauschen . . . ›Meine Herren, Sie haben früher über den Kaiser gesprochen, so gut und so verständig, als Ihre Jugend Ihnen ihn zu zu verstehen erlaubt. Aber das Wichtigste haben Sie nicht gesagt! Denken Sie nach, suchen Sie das alte Wien, fragen Sie die Bücher und Ihre Väter, damit Sie verstehen lernen, was Herrliches das alte Österreich war!‹« (Franz Joseph I. im Bilde, S. 3 f.)

Anhand der laufenden Eintragungen des Leibkammerdieners Ketterl sollen im folgenden Ereignisse des letzten Lebensjahres des Kaisers wiedergegeben werden. Die neue »B-Seite« des Buchs für das Jahr 1916 krönt die Wörter »Mit Gott«, gefolgt vom Text für den Neujahrstag: »$^1/_2$ 4 Uhr Stunde (die Zeit, um welche der Kaiser sich aus dem Bett erhob), 5 Uhr Frühstück, $^1/_2$ 7 Uhr Friseur, 7 Uhr hl. Messe, $^1/_2$ 12 Dejeuner: Tee mit Schinken. 5 Uhr allh. (allerhöchste) Familientafel im Antoinettezimmer (in Schönbrunn, auch alle weiteren Eintragungen beziehen sich auf die Wohnräume in Schloß Schönbrunn), 9 Personen.«

»14.2.1916: $^1/_2$ 4 Uhr Stunde, 5 Uhr Frühstück, $^1/_2$ 7 Uhr Friseur, 9 Uhr: Ankunft Sr. Maj. d. Königs von Bulgarien (Ferdinand I., ein Sohn des Prinzen Augusts von Sachsen-Coburg-Gotha, der ab 1887 als Fürst Bulgarien regiert und 1908 zum König ernannt wird. Vor seiner Heirat 1893 zählt er zu den Liebhabern Katharina Schratts, worauf in den Briefen des Kaisers immer eifersüchtig angespielt wird. Die erste Gemahlin Ferdinands von Bulgarien, Marie Luise, war eine Tochter Herzog Roberts von Parma und Halbschwester der späteren Kaiserin Zita.), 12 Uhr: Empfang des bulg. Königs, $^1/_4$ 2 Uhr Audienz, $^1/_2$ 2 Uhr Dejeuner dinatoire, 5 Uhr Diner.«

»17.6.1916: $^1/_2$ 5 Uhr Stunde, 5 Uhr Frühstück, $^1/_2$ 8 Uhr Friseur, $^1/_2$ 12 Tee mit Schinken, ab $^3/_4$ 12 eine Stunde Spaziergang im Kammergarten. Von 1–2 Uhr Sitzung dem Prof. Stauffer (Viktor Stauffer, akademischer Maler, der zu dieser Zeit an einem Porträt des Kaisers arbeitete.), 6 Uhr Diner.«

»16.7.1916: $^1/_2$ 5 Uhr Stunde, 5 Uhr Frühstück, 7 Uhr Friseur, 8 Uhr hl. Messe, $^1/_2$ 12 Dejeuner, 12 Uhr Empfang des Prinzen Heinrich von Baiern (Enkel des Prinzregenten und Neffe der Kaisertochter Gisela, der während des Ersten Weltkriegs am Monte Sule bei Hermannstadt in Siebenbürgen/Rumänien im Alter von zweiunddreißig Jahren fällt.) – bairische Uniform, 6 Uhr Diner.«

»30.9.1916: $^1/_2$ 5 Uhr Stunde, 5 Uhr Frühstück, $^1/_2$ 9 Uhr Milch (ab nun täglich Milch am Vormittag, vielleicht auf Anordnung Dr. Kerzls), 12 Uhr Dejeuner, $^1/_2$ 1 Uhr Hühneraugenoperateur, 6 Uhr Diner.«

»17.10.1916: $^1/_2$ 4 Uhr Stunde, 5 Uhr Frühstück, $^1/_2$ 9 Uhr Milch, 12 Dejeuner, 5 Diner. Von 6–8 Uhr Urin sammeln und Hofapotheke schicken.«

»30.10.1916: $^1/_2$ 4 Uhr Stunde, 5 Uhr Frühstück, $^1/_2$ 9 Uhr Milch, 11 Öst. M.C. mit preuss. Kriegsorden, $^1/_2$ 12 Dejeuner, 1 Uhr Antritts-Audienz des neuernannten Nuntius (Österr. Gala), 5 Uhr Diner.« An diesem Tag macht sich der Bronchial-Katarrh stark bemerkbar.

»19.11.1916: $^1/_2$ 4 Uhr Stunde, 5 Frühstück, 7 Uhr Messe im neuen Schreibzimmer, $^1/_2$ 9 Uhr Milch, 12 Dejeuner, 5 Diner.« Eine Lungenentzündung hindert den Kaiser immer stärker an der Bewältigung seiner Arbeit.

Am 20.11.1916 unterbricht Kaiser Franz Joseph nur einmal seine Schreibtischarbeit, um aus der Hand des Burgpfarrers Dr. Ernest Seydl die Kommunion zu erhalten.

Um den Charakter des Monarchen und seine Selbstdisziplin zu verdeutlichen, seien die Ereignisse des Todestages – soweit sie die Person des Kaisers betreffen – ungekürzt wiedergegeben: »Dienstag, am 21. November 1916, erhob sich Seine Majestät nach einer fast ungestörten Nacht zur gewohnten frühen Morgenstunde (trotz anhaltender schwerer Krankheit stand er um 1/2 4 Uhr auf, er nahm aber immerhin kein Bad an diesem Tag, frühstückte um 5 Uhr und empfing um 6 Uhr den Friseur). Um 8 Uhr kam der Erste Obersthofmeister Fürst Montenuovo und bat Seine Majestät, den Burgpfarrer zu empfangen, welcher Allerhöchstdemselben den päpstlichen Segen überbringen würde. Seine Majestät war frisch und sprach mit dem Fürsten Montenuovo über verschiedene geschäftliche Angelegenheiten. Um 8 1/2 Uhr empfing der Kaiser den Morgenbesuch der Durchlauchtigsten Frau Erzherzogin Marie Valerie (zur selben Zeit nimmt er ein Glas Milch ein), höchstwelche in Begleitung ihrer Tochter Gräfin von Waldburg-Zeil erschienen war. Seine Majestät saß wie gewöhnlich an seinem Arbeitstisch, war heiter und in unveränderter Geistesfrische ... Um 9 3/4 Uhr empfing Seine Majestät den Burgpfarrer, der das Allerheiligste gleich mitgebracht hatte ... Bei klarstem Bewußtsein legte Seine Majestät im großen Arbeitszimmer die heilige Beichte ab ... Um 11 1/4 Uhr kam das Thronfolgerpaar (Erzherzog Karl und Erzherzogin Zita) zu kurzem Besuche zu Seiner Majestät. Der Kaiser beklagte sich über sein Befinden, gab aber der Hoffnung auf Gesundung Ausdruck mit dem Bemerken, er habe keine Zeit zum Kranksein ... (um 12 Uhr nahm er wie gewöhnlich ein Dejeuner ein, gegen 1 Uhr verschlechterte sich sein Zustand.) Als Kabinettsdirektor Dr. Freiherr v. Schießl und Sektionschef Dr. v. Daruvary, welche für 1 1/2 Uhr berufen waren, erschienen, konnte Seine Majestät mit ihnen nicht mehr arbeiten. Der Kaiser verließ den Schreibtisch und brachte einige Stunden in einem bequemen Lehnstuhl zu. Ungefähr um 4 Uhr ließ sich Seine Majestät noch einmal die Feder reichen und gab die letzte Unterschrift. Um 5 Uhr nahm der Kaiser beim Schreibtisch von den aufgetragenen Speisen ein klein wenig zu sich. Um 5 1/2 Uhr kam die durchlauchtigste Frau Erzherzogin Marie Valerie zu Seiner Majestät und bemerkte, daß der Kaiser sehr schwach war. Im Gegensatz zu den Morgenstunden machte der Monarch den Eindruck eines Schwerkranken ... Vor 6 Uhr ließ sich Seine Majestät zum Betschemel bringen und betete längere Zeit sitzend, da er nicht mehr wie sonst bei seinem Morgen- und Abendgebet knien konnte ... Als Seine Majestät dann endlich zu Bett gebracht war, fragte ich ihn um weitere Befehle. Laut und bestimmt sagte er zu mir: ›Ich bin mit meiner Arbeit nicht fertig geworden, morgen um 1/2 4 Uhr wecken Sie mich wie gewöhnlich.‹ Seine Majestät schien bald gut zu schlafen, erwachte aber später und verlangte zu trinken. Niemand vermochte es, ihm eine Tasse Tee einzuflößen. Ich nahm die Tasse zur Hand, hob den Polster, auf dem das Haupt des Sterbenden ruhte, und es glückte mir ihm ein paar Tropfen einzuflößen. Der Kaiser lächelte müde. ›Warum geht's denn jetzt‹, meinte er mit leiser Stimme. Nicht lange danach wurde der Atem des Kaisers kurz und Professor Ortner sah sich veranlaßt, eine die Herztätigkeit anregende Injektion zu geben, von welcher der Kaiser nichts mehr merkte; gleichzeitig wurde der Burgpfarrer gerufen. Nach 1/2 9 Uhr wurde er in das Schlafgemach eingelassen und spendete dem Kaiser die letzte Ölung. Bei dieser heiligen Handlung waren das Thronfolgerpaar, Erzherzogin Maria Josefa (die Mutter des künftigen Kaiser Karls), Erzherzogin Maria Theresia (Schwägerin des Kaisers, Gemahlin des 1896 verstorbenen Bruders Karl Ludwig und ranghöchste Erzherzogin), Erzherzog Franz Salvator (Schwiegersohn) und Erzherzogin Marie Valerie (jüngste Tochter des Kaisers), der Erste Obersthofmeister Fürst Montenuovo, der Generaladjutant Generaloberst Graf Paar, die in Schönbrunn anwesenden Flügeladjutanten und das Kammerpersonal Seiner Majestät zugegen. Ihre k.u.k. Hoheit Erzherzogin Marie Valerie kniete zu Häupten des Kaisers und drückte ihm das Sterbekreuz in die Hand ... Nicht lange darauf hörte der Kaiser auf zu atmen, ruhig war er hinübergeschlummert. Es war 9 Uhr 5 Minuten. Der Leibarzt Seiner Majestät Dr. Ritter v. Kerzl und Professor Dr. Ortner stellten das Ableben fest.« (Ketterl, S. 173 ff.)

Den täglichen Befundattesten des Leibarztes Dr. Kerzl und des hinzugezogenen Professors Ortner ist zu entnehmen, daß sich ein hartnäckiger Bronchialkatarrh, den sich der Kaiser in den späten Oktobertagen des Jahres 1916 zugezogen hatte, zu einer doppelseitigen Lungenentzündung ausweitete, die als Todesursache gilt.

Am 18. November 1916 hielt Dr. Kerzl fest: »Bei Sr. Majestät ist seit heute Morgens trotz gleichbleibenden Katarrhes eine leichte fieberhafte Temperatursteigerung bis 38,0° Abends eingetreten. Herztätigkeit gut. Atmung ruhig. Trotzdem haben sich Se. Majestät den ganzen Tag der Arbeit gewidmet und ausser dem Grafen und Gräfin Waldburg (geborene Erzherzogin Elisabeth, Tochter der Erzherzogin Maria Valerie und Enkelin des Kaisers, mit Graf Georg von Waldburg-Zeil verheiratet), dem Fürsten Montenuovo (Erster Hofmeister), den beiden General-Adjutanten (Graf Paar und Baron Bolfras), den Minister des Äusseren Baron Burian, in einstündiger Audienz empfangen.« (gezeichnet Dr. Kerzl und Dr. Ortner)

Am 19.11.1916 lautet das Attest: »Im Befinden Sr. Majestät ist insoferne eine geringe Besserung eingetreten, als die Temperatur Früh 36,6° betragen hat und nur bis 37,7° Abends stieg. Subjectives Befinden sowie Herztätigkeit anhaltend gut. Se. Majestät empfingen im Laufe des Tages den Fürst Mont. (Montenuovo), die beiden Gen. Adjutanten, den Cab. Dir. (Kabinettsdirektor) v. Schiessl, Sect. Chef Alexander v. Daruvary und den Minist. Präsidenten Körber in 1-stündiger Audienz.«

Der akademische Maler Franz von Matsch wurde von Erzherzogin Marie Valerie beauftragt, die Züge des Toten, der auf dem eisernen Soldatenbett wie ein friedlich Ruhender wirkte, festzuhalten. Er fertigte zwei Skizzen an, wovon die eine ins Kunsthistorische Museum kam und die zweite im Besitz des Malers verblieb. Nach diesen Skizzen erarbeite er ein Aquarell für die Tochter des Kaisers.

Als besonderes Geschenk für die gelungene Arbeit erhielt er über die Vermittlung der Auftraggeberin einen Paravent, der bis zuletzt neben dem Bett des Kaisers gestanden hatte und der ein Geschenk Katharina Schratts anläßlich des sechzigjährigen Regierungsjubiläums gewesen war.

Der Kammermedailleur Rudolf Marschall nahm am 24. November unter Mithilfe des Modelleurs Moritz Paul Schroth dem verstorbenen Kaiser die Totenmaske ab. Danach wurde die Leiche durch Dr. Kolisko im Beisein der Ärzte Dr. Kerzl und Dr. Ortner sowie des Direktors der Hofapotheke Köller zur Konservierung vorbereitet. Wie Leibkammerdiener Ketterl in seinen Erinnerungen festhält und wie es auch in einem ärztlichen Protokoll aufscheint, wurde der Körper des Kaisers nicht einbalsamiert, sondern erhielt eine Formalininjektion in die Halsschlagader. Diese damals neuartige Konservierungsmethode mißlang jedoch derart, daß die Züge des Kaisers bis zur Unkenntlichkeit entstellt wurden, weshalb man von einer Aufbahrung im offenen Sarg absehen mußte. Außerdem war bei Abnahme der Totenmaske der Bart an der rechten Gesichtshälfte des Kaisers ausgerissen worden. Zuletzt wurde der Leichnam mit der Marschalls-Galauniform bekleidet und in einen mit schwarzem, goldbortierten Samt ausgeschlagenen Sarg gelegt.

Kaiser Franz Joseph war der erste Habsburger, dessen Leichnam einschließlich des Herzens in der Kapuzinergruft bestattet wurde. Die Herzen der vor ihm verstorbenen Familienmitglieder wurden bis dahin in silbernen Urnen in der Lorettokapelle der Augustinerkirche, in der sogenannten Herzgruft, ausgestellt.

Zur Aufbahrung, Überführung, Exponierung und Bestattung des Leichnams des Kaisers wurde vom Obersthofmeisteramt das pompöse, spanische Zeremoniell bis in die kleinsten Details ausgearbeitet. Am Montag, dem 27. November 1916, wurde der Tote um 10 Uhr abends von Schloß Schönbrunn in die Burgkapelle der Hofburg überführt. Dem schwarz drapierten Leichenwagen waren acht Rappen vorgespannt. Am darauffolgenden Tag wurde ab 8 Uhr morgens der Sarg zur öffentlichen Schaustellung freigegeben. Auf dem Schaubett vor dem Sarg waren die österreichische Kaiserkrone, die ungarische St. Stephanskrone, der Erzherzogshut, die Insignien vom Goldenen Vlies, die Großkreuze der inländischen Orden, sowie Säbel, Marschallstab, Hut und Handschuhe auf schwarzen Samtpolstern ausgelegt.

Donnerstag, den 30. November, fand um drei Uhr nachmittags die feierliche Einsegnung im St. Stephansdom durch Kardinal-Fürsterzbischof Dr. Gustav Piffl statt, woraufhin der Leichnam zur Kapuzinergruft überführt und in der Familiengruft beigesetzt wurde.

Das Obersthofmeisteramt ordnete die Hoftrauer für den verstorbenen Kaiser (nach der Ersten Klasse als Haupt-, Hof- und Landestrauer) auf die Dauer von sechs Monaten an (tiefste Trauer für die beiden ersten Monate, tiefe Trauer für die zwei folgenden Monate und mindere Trauer für die beiden letzten Monate). Sie umschloß die Vorschriften über das Tragen von schwarzer Kleidung, über das Anlegen des Trauerflors am Arm, der goldenen Feldbinde (Leibgürtel) für Generäle oder der schwarz überzogenen Hutschleifen und der schwarzen Handschuhe, über die Umhüllung des Porte-épée am Säbel mit Flor und für Damen über das Anlegen von Hüten aus schwarzem Krepp, von schwarzem Schmuck und über die Verwendung eines schwarzes Fächers.

Lange Zeit beanspruchte die Vorbereitung zur Testamentseröffnung, die Ausführung des Letzten Willens des Kaisers, der alle Übergaben beinhaltete und der die genaue Bestandsaufnahme des beweglichen Guts (Mobilien, Bilder, Kunstobjekte, Pretiosen und deren Verteilung sowie die erzielten Erlöse aus dem Verkauf) nötig machte, wofür vom Obersthofmarschallamt mehrere Gerichtskommissare, Kunstschätzer, Pretiosenschätzer und Erbenvertreter eingesetzt worden waren.

Das Testament Kaiser Franz Josephs ist mit 6. Februar 1901 datiert und fällt damit in eine Zeit, als die Beziehung zu Katharina Schratt in eine argen Krise steckte. Es hatte am 16. November 1913 und am 29. Juni 1916 zwei Zusätze erhalten. Außer der Verteilung des Vermögens (das Krongut ausgeschlossen) enthält es Bestimmungen über die Beisetzung in der Kapuzinergruft, über die Sicherstellung der Wohlfahrtsstiftungen sowie den Ausdruck des Dankes an die Völker, an die Armee und an die Flotte.

Zu drei gleichen Vermögensteilen erbten die beiden Töchter Gisela und Marie Valerie sowie die Enkelin Elisabeth, die Tochter des verstorbenen Kronprinzen

Rudolf. Der Grundbesitz (Güter und Schlösser) – Roregg, Gutenbrunn, Persenbeug, Petersberg und die Kaiser-Villa in Ischl am Jainzen samt Grundbesitz und Einrichtung – fiel an Erzherzogin Marie Valerie, die je ein Drittel des Buchwerts in bar an die beiden Miterbinnen auszubezahlen hatte. Die sogenannte Gries-Villa in Ischl einschließlich der Einrichtung erhielt Erzherzogin Gisela.

Dem Schwiegersohn Erzherzog Franz Salvator wurde das Jagdhaus am Offensee bei Ebensee in Oberösterreich mit Einrichtung sowie die dazugehörige Jagd zugesprochen.

Die regelmäßig aus der Privatkassa des Kaisers geleisteten Spenden, Gnadengaben, Pensionen, Studien- und Erziehungsbeiträge sowie Lebensrenten hatten die Erben weiterhin zu entrichten. Hiezu war ein Kapital in Werteffekten zu erlegen. Außerdem sollten die Töchter des Kaisers aus dem Nachlaß Erinnerungsstücke an die Mitglieder des Kaiserhauses verteilen. Ebenso erhielten dem Kaiser nahestehende Personen für ihre treuen Dienste geeignete Andenken. Den Dienern des Kaisers (Kammerpersonal, Leibjäger, Leiblakaien, Hausdiener) war es freigestellt, in Pension zu treten oder nach Tauglichkeit weiterzudienen. Zudem wurde ihnen außer ihren Bezügen die Hälfte des zuletzt bezogenen Gehalts aus dem Privatvermögen des Kaisers als lebenslängliche Jahreszulage zugesichert.

Die Abhandlung des Nachlasses besorgte das Obersthofmarschallamt.

Zur Versorgung der Familie des Thronfolgers Franz Ferdinand hatte der Kaiser am 13. Februar 1914 ein

Kodizill verfaßt, wonach ein Zehntel des Reinertrags des Fideikommißvermögens (das entsprach zum Zeitpunkt der Festsetzung 6 Millionen Kronen) jährlich auszubezahlen sind. In einem weiteren Kodizill wurde dem Gemahl der Enkelin Elisabeth, Prinz Otto Windischgraetz, eine Rente von fünfzigtausend Kronen pro Jahr zugestanden, die im Falle einer Ehescheidung erlöschen würde.

Einen gleichhohen Jahresbetrag erhielten auch die dieser Ehe entsprungenen Kinder. Außerdem begründete der Kaiser ein Familien-Fideikommiß im Wert von sechzig Millionen Goldkronen, dessen Genuß dem jeweiligen Träger der Krone – also nach dem Tod Kaiser Franz Josephs seinem Großneffen Kaiser Karl – zustand. Dieses Vermögen umfaßte Immobilien (die toskanischen und pfalzbayrischen Güter in Böhmen, Reichstadt mit Politz, Ploschkowitz, Swolenoves mit Kolec, Bustehrad, Tachlowitz, Kacow und Kronpritschen; das Allodialgut Bistrau, vormals Gräflich Hohenems; die Besitzungen Eisenerz und Radmer, der Grundbesitz und die Thermalquellen in Wildbad-Gastein sowie die Jagdhäuser in Mürzsteg, Neuberg und Langbathsee) und Mobilien in Form von Wertpapieren, Barschaften und Aktiv-Forderungen.

Ein weiterer Zusatz regelte die privaten Vermögensbestimmungen im Fall eines Regierungswechsels: »Wenn im Laufe der Begebenheiten und der geschichtlichen Entwicklung die Regierungsform der österreichisch-ungarischen Monarchie eine Änderung erfahren und, was Gott verhüten möge, die Krone nicht bei Unserem Hause bleiben sollte, so werden für die Succession in das von Mir gegründete Fideikommiß lediglich die privatrechtlichen Grundsätze zur Anwendung kommen, so wie dieselben durch das allgemeine bürgerliche Gesetzbuch vom 1. Juni 1811 derzeit in Kraft bestehen.«

Weiters bestimmte der Kaiser die Zahlung einer Apanage von jährlich vierhunderttausend Kronen an seinen Neffen, Erzherzog Otto, die nach dessen Tod auf die aus seiner Ehe mit der sächsischen Prinzessin Maria Josefa entsprossenen Kinder (der spätere Kaiser Karl und dessen Bruder Erzherzog Maximilian) übergehen sollte.

Schließlich ließ Kaiser Franz Joseph die Darlehensforderung des kaiserlichen Familien-Fonds an den Neffen, Thronfolger Erzherzog Franz Ferdinand von Österreich-Este, im Betrag von vier Millionen Kronen, datiert Konopischt, 6. Juli 1900, löschen.

Die Leibkammerdiener erhielten persönliche Gegenstände des Kaisers zum Andenken, zudem wurden die Erlöse von ausgemusterten Uniformstücken des Kaisers unter der dem Kaiser nähergestandenen Dienerschaft aufgeteilt. Der erste und wichtigste Mann in der privaten Umgebung Kaiser Franz Josephs, der die meisten Erinnerungsstücke erhielt, war der Leibkammerdiener Eugen Ketterl, der sich wie die anderen persönlichen Bediensteten des Kaisers – durch seine Notlage nach dem Ende des Ersten Weltkriegs – gezwungen sah, einen Prozeß gegen die Erben um Valorisierung des ihnen im Testament des Kaisers zugestandenen Legats anzustrengen. Da Ketterl wie seine Mitstreiter den Prozeß verloren, veröffentlichte er zur

Aufbesserung seiner finanziellen Lage seine Memoiren, wobei ihm eine gewisse Frau Cissy Klastersky helfend zur Seite stand. Das oftmals wiederaufgelegte Buch war erstmals 1929 erschienen, zuletzt wurde es im Jahr 1980 in einem etwas abgeänderten Neudruck unter dem Titel »Der alte Kaiser, wie nur Einer ihn sah« wieder aufgelegt.

15
»Ich weiß nicht, was ich nach dem Tod Pachmayers anfangen soll«

Über die kaiserlichen Bediensteten

Eugen Ketterl war am 7. Oktober 1859 in Wien-Margarethen, als ältester Sohn des bürgerlichen Drechslermeisters Eduard Ketterl und der Josefa, geborene Schuch, zur Welt gekommen. Nach dem Besuch der sechsklassigen Volksschule in der Zieglergasse im siebenten Wiener Gemeindebezirk und einer darauffolgenden Handelsschule trat er im Jahr 1878 als Haushofmeister und Schloßverwalter, ab dem Jahr 1882 als Kammerdiener, beim Grafen August Bellegarde in Schloß Großherrlitz bei Troppau in Österreichisch-Schlesien, seinen Dienst an. 1892 wurde er in der Wiener Hofburg als Extratafelgehilfe beim Oberstküchenmeister Graf Wolkenstein aufgenommen. Im darauffolgenden Jahr heiratete er die aus Südtirol stammende Aloisia Schweitzer. Im Jahr 1894 wurde er zum Saal-Kammerdiener und schließlich zum Leibkammerdiener des Kaisers ernannt, da diese Stelle durch den Tod des Leibkammerdieners Pachmayer frei geworden war.

». . . Mich hat wieder ein harter Schlag durch den schnellen Tod meines Kammerdieners Pachmayer getroffen, des einzigen, den ich wirklich in jeder Beziehung brauchen konnte. Er war für mich . . . ein Gentleman durch und durch, dabei findig, willig, unverdrossen, geschickt. Ich weis noch nicht, was ich jetzt anfangen soll, besonders auf Reisen und gar, wenn ich Civilkleider nehmen muß, die so schwer anzuziehen und passend zusammenzustellen sind.« (Brief Kaiser Franz Josephs an Katharina Schratt aus Ofen, 21.1.1894)

Die Klage sollte sich aber bald in äußerste Zufriedenheit wandeln, denn die Qualitäten des nachfolgenden Eugen Ketterl überstiegen die des Vorgängers Pachmayer bei weitem. Vielmehr war es nun am neuen Leibkammerdiener zu klagen, der die kaiserliche Garderobe in einer desaströsen Unordnung vorfand, wo kein Stück zum anderen paßte und wo unvollständige Kleidungsstücke in ihrer Vielzahl die vollständigen übertrafen.

1895 erhielt Ketterl ein Jahresgehalt von 1600 Gulden plus Zulagen zuerkannt und stieg in die Erste Kategorie der Hausoffiziere auf.

Im Laufe seiner Dienstzeit wurden Ketterl zahlreiche Orden – unter anderem die Russische Goldene Verdienst-Medaille, das königlich bayrische Verdienstkreuz des Ordens vom Hl. Michael, das Ritterkreuz des Ordens der Krone von Rumänien sowie der Siamesische Kronenorden – verliehen. Zum fünfzigjährigen Regierungsjubiläum des Kaisers erhielt er das Goldene Verdienstkreuz mit der Krone und die Jubiläums-Hof-Medaille. Nach dem Tod des Kaisers wurde ihm (zugleich mit seiner Versetzung in den Ruhestand per

1. Januar 1917) durch Kaiser Karl das Ritterkreuz des Franz Josephs-Ordens überreicht.

Das Studium seiner beiden Söhne im Gymnasium von Stift Kremsmünster finanzierte der Kaiser (wie auch den Söhnen anderer Kammerdiener) durch Zuteilung von Stipendien. Ein Sohn, Franz Ketterl, promovierte zum Doktor der Rechtswissenschaft und wurde ein hoher Angestellter in der Bundeskammer der Gewerblichen Wirtschaft. Er verstarb 1975 in der elterlichen Wohnung in der Hofburg. Der andere Sohn, Eugen, wurde Agraringenieur und endete 1946 in polnischer Kriegsgefangenschaft. Beide Söhne hatten den Ersten und Zweiten Weltkrieg als Offiziere mitgemacht. Die einzige Tochter war 1921 einem Lungenleiden erlegen.

Leibkammerdiener Eugen Ketterl hatte seinem Herren zweiundzwanzig Jahre lang treu gedient. Während dieser Zeitspanne waren ihm nur wenige freie Tage beschieden. Besonders mühsam scheint der Dienst während der Jagden gewesen zu sein, wie in einem Brief Ketterls vom 3.8.1899 aus Bad Ischl hervorgeht: ». . . zwei Wochen sind vergangen, in denen ich sage 4 x 12 Stunden frei hatte und warum, weil Maj. bisher keine Jagd mitmachte und es an Schützen fehlt – mußte Zrunek (Leibkammerdiener) immer mittun. Seit 27.7. bin ich überhaupt stets im Dienst, weil Prinz Leopold (von Bayern, Schwiegersohn des Kaisers) und seine beiden Söhne hier sind. Daher auch täglich Früh- und Nachmittags-Jagden stattfinden . . .«

Für die Dienerschaft bestand damals noch keine gesetzlich geregelte Dienst- oder Urlaubszeit. Man mußte um frei Tage ansuchen und besondere Gründe anführen, um eine Genehmigung dafür zu erhalten. Auch an Sonn- und Feiertagen hatte der Dienst versehen zu werden, und an den Weihnachtsfeiertagen mußte Ketterl den Kaiser oftmals nach Schloß Wallsee begleiten, damit der Großvater die Bescherung der Enkelkinder miterleben konnte.

Ketterl trat täglich um drei Uhr früh seinen Dienst an, um die nötigen Vorbereitungen für das »Lever« des Kaisers zu treffen. Sein Dienstzimmer in der Hofburg lag neben dem Arbeitszimmer des hohen Dienstgebers im Reichskanzleitrakt und war durch eine Tapetentür mit diesem verbunden. Ketterls Arbeitstag endete meist mit dem Zubettgehen des Kaisers.

In Schönbrunn bewohnte der Leibkammerdiener ein Dienstzimmer, das ehemals zu den Appartements der Kaiserin Elisabeth gehört hatte. In dem einfenstrigen Raum befand sich ein Bett, ein Nachtkästchen und eine elektrische Ampel, die in den letzten Nächten, in denen der Kaiser schwer krank darniederlag, nicht mehr erlosch.

Ab dem Jahr 1914 waren die Wände von Ketterls Zimmer mit Landkarten verhangen, worauf die aktuellen Fronten der alliierten Truppen mittels Fähnchen immer auf den neuesten Stand gebracht wurden. In den letzten Lebenswochen des Herrschers stellten in die Türe zwischen Diener- und kaiserlichem Schlafzimmer gebohrte Gucklöcher die Verbindung zur Außenwelt her, da der Kaiser auch im schwerkranken Zustand nicht dauernd von Menschen umgeben sein wollte. Gelegentliche Sichtkontrollen sollten zumindest plötzlich auftretende Schwierigkeiten auffangen helfen, was auf Anraten Dr. Kerzls geschah. Außerdem wurde eine Nachtlampe auf dem Fußboden des kaiserlichen Schlafzimmers dermaßen postiert, daß der Kaiser nicht geblendet oder in seiner Nachtruhe gestört würde, wodurch man den Monarchen aber doch dauernd unter Beobachtung hatte.

Als der Kaiser im Oktober 1916 an der todbringenden Bronchitis erkrankte, wollte seine Tochter Marie Valerie geistliche Pflegeschwestern an sein Bett beordern, was der Kaiser mit der Begründung »Meine Kammerdiener sind mir lieber!« dankend ablehnte. Wenn schon der normale Dienst, der vor vier Uhr morgens begann und bis acht Uhr abends dauerte, die Dienerschaft sehr beanspruchte, so stellten Arbeit und Verantwortung während dieser Wochen der Krankheit bis zum Tod des Kaisers die höchsten physischen und psychischen Anforderungen an das Personal, die in einem makabren Zwischenfall gipfelten. Damit Gisela, die älteste Tochter Kaiser Franz Josephs, am Totenbett von ihrem Vater Abschied nehmen konnte (die erst aus München anreisen mußte), war sein Leichnam auf Eisbeutel gelegt worden. Ketterl hatte Schloß Schönbrunn kurz verlassen, um sich nach etlichen rastlosen Tagen und Nächten in der Hofburg auszuruhen. Als er den Weg zurück nach Schönbrunn nahm, um beim toten Kaiser seinen Dienst zu versehen, waren alle Eisbeutel geplatzt, und der Leichnam des Herrschers lag in einer riesigen Lacke von Schmelzwasser.

Familie Ketterl verfügte über eine Dienstwohnung im dritten Stock des Amalientrakts der Hofburg – an der Fassade ist sie an den rechts neben der großen Sonnenuhr befindlichen Fenstern zu erkennen. Wenn Eugen Ketterl mittags zum Essen nach Hause kam, belagerte meist eine Unzahl von Künstlern und Schauspielern den Eingang zu seiner Wohnung, um über ihn einen Vorsprechtermin beim Kaiser zu erwirken. Auch Katharina Schratt suchte den Leibkammerdiener oftmals in seiner Wohnung auf und beriet sich mit ihm wegen der Weihnachtsgeschenke für den Kaiser und seine Familie, oder man organisierte gemeinsam Verbesserungen des kaiserlichen Lebensstandards, um Gesundheit und Wohlbefinden des Monarchen zu erhalten.

Außer Ketterl hatte auch sein Schwager in habsburgischen Diensten gestanden, er diente beim Thronfolger Franz Ferdinand und hieß Ludwig Braunstingl. Er war mit der Schwester der Luise Ketterl verheiratet und lebte auf Schloß Konopischt in Böhmen. Die Gräber beider befinden sich auf dem Friedhof in Partschins bei Meran in Südtirol, wo auch Frau Luise Ketterl ihre letzte Ruhestätte fand. Ein merkwürdiger Zufall wollte es, daß auf diesem Friedhof auch der in Partschins geborene Peter Mitterhofer begraben liegt, der der Erfinder der ersten, hölzernen Schreibmaschine gewesen war. Nach Fertigstellung des Geräts lud er es auf seinen Rücken und wanderte damit nach Wien. Er führte es Kaiser Franz Joseph vor, den die Maschine aber nicht sonderlich interessierte. Zwar ließ er dem Tischler und Zimmermann Mitterhofer im Februar 1867 eine Subvention von zweihundert Gulden überreichen und ihm anläßlich der Fertigstellung eines dritten, verbesserten Modells noch einmal hundertfünfzig Gulden zukommen, in bezug auf eine fabriksmäßige Herstellung unternahm der Kaiser aber nichts. Das angekaufte Modell der Mitterhoferschen Schreibmaschine machte man dem Polytechnikum in Wien zum Geschenk, wo es dem Amerikaner Carlos Glidden auffiel. Er studierte es aufmerksam und baute in den USA gemeinsam mit C. L. Sholes und S. W. Spule eine Schreibmaschine nach dem Mitterhoferschen Prototypen. Von Amerika aus wurde das Produkt vermarktet, weiter verbessert (es entstanden bald auch die ersten elektrischen Schreibmaschinen) und trat seinen Siegeszug um die Welt an.

Neben Ketterl versahen noch andere Leibkammerdiener den Dienst bei Kaiser Franz Joseph. Einer von ihnen hieß Friedrich Spannbauer. Er hatte zunächst eine Wohnung im dritten Stock des Schweizer Hoftraktes und übersiedelte nach dem Tod des Kaisers in den dritten Stock des Reichskanzleitrakts. Für sein mutiges Verhalten als Korporal beim 11. Infanterieregiment in Bosnien im Jahr 1882 hatte er die Goldene Tapferkeitsmedaille erhalten. Mit 1. November 1883 trat Spannbauer der Trabanten-Leibgarde bei, wo er bis zum Garde-Vice-Seconde-Wachtmeister vorrückte.

Ab 1. Januar 1891 wurde er Leibbüchsenspanner des Kaisers und wenig später Saaltürhüter. Spannbauer bewohnte in der Hofburg die Nachbarwohnung der Familie Ketterl. Seine Söhne besuchten das Gymnasium im Stift Kremsmünster und wurden wie die Söhne Ketterls vom Kaiser finanziell unterstützt. Wie Ketterl und die beiden anderen Kammerdiener Ludwig Egger und

Georg Rukowanski wurde Spannbauer nach dem Ableben des Kaisers per 1. Januar 1917 in den Ruhestand versetzt, da Kaiser Karl schon über eigenes Hofpersonal verfügte. Georg Rukowanski war Leibbüchsenspanner des Kaisers, Ritter des Franz Joseph-Ordens und Besitzer des Goldenen Verdienstkreuzes mit der Krone. Er verstarb am 22. Mai 1940 im 79. Lebensjahr. Er hatte zuletzt in Perchtoldsdorf bei Wien gewohnt. Die Eltern des Komponisten und Erfinders der Zwölf-Ton-Musik, Alban Berg, waren mit der Familie Rukowanski eng befreundet. Der Komponist ehelichte, wie früher erwähnt, Helene Nahowska, eine natürliche Tochter Kaiser Franz Josephs.

Der vierte Leibkammerdiener, der seinen Dienst bis zum Tod Kaiser Franz Josephs versah, war Ludwig Egger. Er war kaiserlicher Leibjäger, Jagdschlösserverwalter und Ritter des Franz Joseph-Ordens. Er verstarb im Jahr 1932.

Der Hofsaalkammerdiener Paul Marko war gebürtiger Ungar und hatte als Feldwebel des Infanterieregiments Nr. 38 die Okkupation von Bosnien mitgemacht. Trotz Verwundung kämpfte er weiter und rettete dem ebenfalls verwundeten Bataillonskommandanten das Leben. Hiefür erhielt er die Goldene Tapferkeitsmedaille, und der Kaiser nahm ihn 1883 als Hofansager auf. Er sollte bis zum Hofsaalkammerdiener aufrücken. Marko verstarb noch vor dem hohen Dienstgeber 1912 im 63. Lebensjahr.

Adolf Lechartier war Hof-Oberbereiter der Campagne-Reitschule. Mehr als dreißig Jahre lang stand er im Dienst Kaiser Franz Josephs, dessen Pferde er den

Aufgaben gemäß zuritt. Er begleitete den Monarchen auf allen Reisen und wurde von ihm wiederholt ausgezeichnet. Seine letzten Lebensjahre verbrachte Lechartier auf Schloß Schönau, wo er bei der Enkelin des Kaisers, Prinzessin Elisabeth Windischgraetz, in Stellung war. Er verstarb im 61. Lebensjahr.

Josef Walter hieß der Leibkutscher Kaiser Franz Josephs, der den hohen Vorgesetzten in der Zeit vor der Automobilisierung täglich von der Hofburg nach Schloß Schönbrunn führte. Ihm war der Hofkutscher Josef Nagel unterstellt, der täglich zwei von den vier Leibpferden des Kaisers auf den Kobenzl oder in den Prater ritt, um sie aufzuwärmen. Er lenkte auch anläßlich des Besuchs des russischen Zaren die Karosse und begleitete die Erzherzoge bei ihren Ausfahrten. Besonderes Aufsehen erregten seine Touren mit Erzherzog Ferdinand Maximilian, dem Bruder Kaiser Franz Josephs und späteren unglücklichen Kaiser von Mexiko, wenn er mit einem Sechsergespann durch die Jägerzeile (heutige Praterstraße) traben ließ. Der Hofkutscher Josef Nagel verstarb im Jahr 1925.

Friedrich Schwarz begann 1874 im Alter von achtzehn Jahren seine Lehre bei Meister Corbelli, dem damaligen kaiserlichen Tapezierer. Schwarz wurde schon bald mit Arbeiten in den Räumen einiger Erzherzoge betraut, erhielt dann Aufträge des Kronprinzen Rudolf und der Kronprinzessin Stephanie, bis er schließlich dem Kaiser selbst diente. Daß er von Kaiser Franz Joseph sehr zum Sparen angehalten wurde, ist einer von ihm selbst erzählten Geschichte zu entnehmen: »Als die Kronprinzessin Stephanie in anderen Umständen war, mußte ich ein besonders großes Bett von zwei Meter Breite und 2,20 Meter Länge auspolstern und besondere, leicht geflaumte Matratzen bestellen, die täglich aufgelockert werden mußten. Es ist ein Geheimnis, daß wir die Erzherzogin ein wenig getäuscht haben. Es sollte jeden Tag eine neue, weiche Matratze geliefert werden, aber das hätte doch allzu große Kosten verursacht und so wurde zwar die Matratze täglich früh abgelegt – aber am Abend das gleiche Stück, neu aufgelockert, wieder zugestellt.

Vor Geburt ihrer Tochter Elisabeth mußten wir 400 Meter Gang mit Gobelins, weichen, grauen Teppichen, rot gerandet, auslegen. Dann konstruierte der Schlosser Biro eine eigene Einrichtung für den Taufakt im Saal. 300 Sessel wurden aufgestellt, die durch einen besonderen Mechanismus verbunden waren, damit auf einen Hebeldruck die Sesselreihen zusammengerückt und der Saal geräumt werden konnte – ein Meisterwerk des Schlossers.

Als die kleine Elisabeth, spätere Fürstin Windischgraetz, zur Welt kam, wurde ich, der die Matratzen und Pölster des Kinderbettchens in Ordnung zu halten hatte, unter Quarantäne gestellt. Ich durfte das Schloß (Laxenburg) nicht verlassen, damit ich mit anderen Kindern, der Kinderkrankheiten wegen, nicht in Berührung käme. Einmal haben sie mich aber um halb vier Uhr früh doch erwischt. Der ›Riffler‹, den ich beim Grafen Bombelles bekam, war nicht sehr angenehm.

Am 25. August 1885 sollte es zur Zusammenkunft des Kaisers mit Zar Alexander III. in Kremsier kommen. Da gab es einen noch unfertigen Seminar-Neubau, den wir befehlsmäßig innen und außen so zu verkleiden hatten, daß er wie ›vollendet‹ aussehen mußte. Der Hofmarschall hatte dafür hunderte Meter von feinsten Seidenstoffen, Gobelins und starker Leinwand zur Verfügung gestellt.

Ich habe auch für die Kaiserin (Elisabeth) gearbeitet. Wir hatten ihren Burgtrakt (Amalientrakt in der Hofburg) nach ihren Wünschen auszukleiden. Sie hatte viel Geschmack. Die Stadt Wien hatte der Herrscherin eine große Kassette geschenkt, die wertvolle Stiche enthielt. Nach ein paar Tagen gab es Alarm. Einige Stiche waren verschwunden. Wer war der Dieb? Trotz aller Bewachung kamen wieder aus der Kassette Bilder weg. Da kam der Kammerdiener zu mir und ersuchte mich, durch die eine Holzwand ein Loch so geschickt zu bohren, daß es für einen Fremden unsichtbar sei. Ich stellte also ein Guckloch her und der Kammerdiener (der Kaiserin) verbrachte dahinter zwei Nächte auf der Lauer. In der dritten Nacht kam ein Trabant der Leibwache geschlichen, öffnete die Kassette mit einem Nachschlüssel, rollte ein Bild zusammen und steckte es hinter die große Manschette seiner Uniform. Natürlich wurde der Mann sofort geschnappt. Der unglückliche Dieb nahm sich das Leben. Die Bilder wurden später bei ausländischen Kunsthändlern gefunden.«

Als fünfter und letzter in der Reihe der Leibkammerdiener wird Josef Kundrat genannt. Er war auch Verwalter der Hofjagdschlösser und leitete die Hofjagden. Er war mit Magdalena Pfister verheiratet und verstarb noch zu Lebzeiten Kaiser Franz Josephs am 13. März 1884. Der jüngste Sohn des Ehepaares, der am 6. Oktober 1845 in Wien geborene Hans, wurde Professor der pathologischen Anatomie der Wiener Universität und erreichte den Rang eines Hofrats. Er hatte in dieser Funktion auch die Leichname des Kronprinzen Rudolf, der Erzherzoge Sigismund und Heinrich, sowie des Grafen von Chambord (der auf Schloß Frohsdorf in Niederösterreich gelebt hatte) konserviert. Die Erzherzoge Sigismund und Heinrich waren Söhne Erzherzog Rainers und Neffen Kaiser Franz' II. (I.). Ersterer war unverheiratet geblieben und verstarb 1891 im Alter von 65 Jahren. Sein Bruder Heinrich, der eine Bürgerliche geehelicht hatte, starb im selben Jahr zweiundsechzigjährig. Der Graf von Chambord war der Enkel des letzten französischen Königs, Ludwigs XVIII. gewesen, und galt Legitimisten als Regent Frankreichs. Er war mit Erzherzogin Therese von Österreich-Modena verheiratet, deren Großvater Ferdinand, ein Sohn der Kaiserin Maria Theresia, durch Heirat mit der Alleinerbin des Herzogtums Herrscher von Modena geworden war. Mit Kaiser Franz Joseph war sie als Tante dritten Grades verwandt, ihr gemeinsames Uhrahnenpaar heißt Franz Stephan von Lothringen und Kaiserin Maria Theresia.

Hans Kundrat, der alle seziert hatte, erlag am 25. April 1883 einem Herzleiden. Er hinterließ vier Schwestern, darunter Marie Kundrat, die Ober-Hofwäschemeisterin war und in der Hofburg wohnte. Der Bruder, Josef Ritter von Kundrat-Lüftenfeld, stand im Rang eines Kabinettssekretärs des Kaisers.

Nach dem Ersten Weltkrieg schlitterten die meisten Hofbediensteten – einschließlich der Familie Ketterl und übrigens auch vieler Verwandter Kaiser Franz Josephs, die den Thronverzicht nicht geleistet hatten – in große Finanzkrisen. Der § 12 des Franz Joseph-Testaments hatte wohl vorgesehen, daß die Kammerdiener ihren halben Jahresgehalt als lebenslängliche Rente erhalten sollten, aber die Erben des Kaisers stellten per 1. Januar 1922 die Zahlungen ein. Daraufhin klagten Ketterl und die Kammerdiener Egger, Spannbauer und der Leibmasseur Koch die Erben nach dem Kaiser – also den verbliebenen Gemahl nach der verstorbenen Erzherzogin Marie Valerie, Erzherzog Franz Salvator, Prinzessin Gisela von Bayern und Erzherzogin Elisabeth, die Tochter des Kronprinzen Rudolf – auf eine Aufwertung ihrer Pension. Die Beklagten führten an, daß die Rentenzuwendungen für die Kammerdiener seinerzeit durch einen Sicherungsfonds im Betrag von neununddreißig Millionen Kronen gedeckt worden waren. Die Erben des Kaisers hatten diesen Betrag aber in Kriegsanleihen angelegt, die nach Ende des Kriegs derart entwerten waren, daß die Renten der einzelnen Kläger jährlich nur noch zwischen sieben und 22 Groschen betrugen, sodaß bereits das Überweisungsporto den Rentenbetrag überstiegen hätte. Erzherzogin Elisabeth, die im Verlauf des Prozesses Prinz Otto Windischgraetz geheiratet hatte, stimmte als einzige der Valorisierung der Beträge zu. Dieses Angebot wurde jedoch von den Klägern abgelehnt. Für die Jahre 1926 bis 1928 war ein Gesamtbetrag an Renten von dreiundzwanzigtausend Friedenskronen entstanden, die – in die neue Währung umgerechnet – zwei Schilling und dreißig Groschen entsprachen. Dieser Betrag wurde von den Erben tatsächlich bei Gericht hinterlegt. Der Prozeß durchlief die erste und zweite Instanz, es folgten Rekurse durch die Kläger, wobei anstelle des früher aktiven Spannbauer Leibkammerdiener Rukowanski als federführend hervortrat. Spannbauer hatte im Zug des aussichtslosen Fortgangs des Prozesses Selbstmord begangen.

Schließlich entschied der Oberste Gerichtshof – inzwischen war der Akt beim Brand des Justizpalasts vernichtet worden und mußte in großen Zügen neu aufgenommen werden –, daß der Anspruch der Kläger nicht zu Recht bestehe. Es handle sich bei den Forderungen nicht um einen Unterhaltsanspruch, sondern um Zulagen, und es sei nicht die Schuld der Erben, wenn der Sicherstellungsfonds durch Geldentwertung wertlos geworden war.

Natürlich bekundeten in der Folge verschiedene Stimmen und die Presse Sympathie für die Hofbediensteten und ritten Attacken gegen das Haus Habsburg. So betitelte die Welt am Morgen vom 10. Januar 1928 einen Leitartikel: »Den Prinzen Paläste – den Pensionisten die Kriegsanleihe. Dreihundertfünfzig Milliarden Erbmasse nach Erzherzog Rainer, aber 28 Schilling Jahrespension für greise Angestellte.« Der Artikel nahm Bezug auf den am 27. Januar 1913 verstorbenen Erzherzog Rainer, einem Onkel zweiten Grades des Kaisers, nach dessen Tod die Brüder Franz und Leopold Salvator das Palais Erzherzog Rainer in Wien, ein Gut in Gmünd, eines in Polen, das Schloß Wilhelminenberg auf dem Gallitzinberg, zahlreiche Gemälde und eine wertvolle Bibliothek geerbt hatten. Das war während des laufenden Verfahrens ausgehoben worden, wobei der Vorwurf – wenn überhaupt – nur Franz Salvator, dem Witwer nach Erzherzogin Marie Valerie, gelten konnte, denn sein Bruder Leopold hatte nicht zu den Erben Kaiser Franz Josephs gezählt. Das Nachlaßvermögen Erzherzog Rainers betrug etwa fünfundzwanzig Millionen Goldkronen, die umgerechnet dreihundertsechzig Milliarden Kronen entsprachen. Allerdings hatte die Erbschaft nur aus Wertpapieren bestanden, die durch die Inflation auf zwei Milliarden Kronen zusammengeschrumpft waren. Außerdem hatte man die Schlösser und Güter nicht als Erbe sondern als Vermächtnisnehmer erhalten. Man erklärte sich daher verpflichtet, nur die Erträgnisse des entwerteten Fonds, nicht aber das übrige Vermögen zur Bezahlung der Pensionen zu verwenden, eine Ansicht, die der Oberste Gerichtshof bestätigte.

So war Eugen Ketterl in der Folge gezwungen, sich von den Erinnerungsstücken an den Kaiser zu trennen (die er alle mit einem Echtheitszertifikat und Siegel versehen hatte und die bis heute zu heißbegehrten Sammlerstücken zählen), um den weiteren Lebensunterhalt bestreiten zu können.

16
Der Kaiser ist schon lange tot, für ihn regiert ein Doppelgänger

Über die Doubles Kaiser Franz Josephs

Unabhängig von dem ersten Gerücht aus dem Jahr 1916, daß anstatt des Leichnams des Kaisers eine hölzerne Puppe im Sarg liege, verbreitete sich nach dem Ersten Weltkrieg ein zweites, demzufolge er schon viel früher einer Lungenentzündung erlegen wäre. Sein Tod hätte deshalb leicht verheimlicht werden können, da man den Herrscher in Form einer Ersatzperson hatte weiterleben lassen.

Natürlich hätte ein Ersatzkaiser entsprechend ausgebildet und vorbereitet werden müssen, weshalb ein »Franz Joseph-Konservatorium« ins Leben gerufen worden sei, um Männer, die dem Kaiser besonders ähnlich sahen, als würdige Stellvertreter auszubilden. Die Anstalt soll bei Eisenstein im Böhmerwald gelegen haben. Einer der Zöglinge, »Franz Joseph III.«, war ein Prager Oberst im Ruhestand namens Raschin gewesen. »Franz Joseph V.« war in Wirklichkeit ein pensionierter Finanzkommissär aus Sarajevo. Von ihm erzählt man, er hätte sich, so wie der wirkliche Kaiser, täglich aus dem Michaeler Bierhaus ein Pilsner und eine Salzstange bringen lassen. Eugen Ketterl zweifelt in seinen Erinnerungen die Existenz dieser Anstalt an, von der sich aber durchaus denken läßt, daß sie bestanden hatte. Denn der Geheimdienst und die Sicherheitskräfte waren bestimmt daran interessiert, in kritischen Situationen eine »Kaiser-Doublette« bereit zu haben. Abgesehen von dem Nichtwissen um diese Ausbildungsstätte wäre die Gründung derselben in eine vorketterl'sche Zeit gefallen, da der Leibkammerdiener den persönlichen Dienst am Kaiser erst ab 1894 versah.

Zu einem unabsichtlichen Zwischenfall mit einem Doppelgänger war es an einem naßkalten Novembertag des Jahres 1907 gekommen, als im Inneren Burghof aus dem Nebel eine Gestalt auftauchte, die in einen braunen Offiziersmantel, wie ihn seinerzeit die Artillerieoffiziere getragen hatten, gehüllt war. Sie schritt rasch voran und entpuppte sich dem Burggendarm immer deutlicher als der Kaiser, der da dem Eingangstor zueilte. Der Mann wunderte sich zwar, daß der Monarch ohne Begleitung und zu Fuß daherkam, vermutete dann aber, daß er kurz nebenan im Ministerium des Äußeren gewesen war. Es galt, mittels elektrischem Glockenspiel den sogenannten Schnarrposten der Burghauptwache zu verständigen, die mit einem dreimaligen »Gewehr heraus!« antwortete. Die Kompanie eilte aus der Wachstube, formierte sich, empfing das Kommando »Wache, links schaut!« und vernahm den folgenden Generalmarsch, woraufhin der Hauptmann dreimal den Säbel hob und senkte. Die Passanten blieben stehen, um dem Schauspiel beizuwohnen und dem vorbeikommenden Kaiser die Ehre zu bezeigen. Plötzlich unterbrach ein eiliger Ruf des Feldwebels Weber von der Leibgarde-Infanteriekompanie die Handlung, da man die für den Kaiser gehaltene Gestalt endlich als Doppelgänger erkannte.

Dieser Szene hatte unbemerkt ein heimlicher Zuschauer beigewohnt, der sicherlich nicht wenig staunte, daß ein Signal, das einzig und allein der Ankunft seiner Person vorbehalten war, jemandem anderen zuteil geworden war. Der Kaiser hatte im Arbeitszimmer der Hofburg, dessen Fenster auf den Burghof schauen, gearbeitet und war bei Ertönen der Kommandos zum Fenster geeilt, wo er die Wache, den Leibgardefeldwebel und sein Ebenbild im braunen Uniformmantel mit einiger Verwunderung beobachten konnte. Wenig später beorderte er den diensthabenden Adjutanten zu sich, um über das Mißverständnis Aufklärung zu erhalten. Bei dem Doppelgänger handelte es um einen gewissen Herrn Farina, einen ausgedienten Soldaten, der Bürodiener in der Generalintendanz des Burgtheaters und Logenschließer war. Der Kaiser befahl, den Mann sofort zu ihm zu führen. Bald darauf stand der Erschrockene zitternd vor dem Kaiser, der seinem Ebenbild schmunzelnd entgegenging. Er ließ sich die Lebensgeschichte des Mannes erzählen und fragte ihn, seit wann er die Barttracht trage. Farina antwortete, daß er sie sich während seiner Zeit als Bürodiener und Logenschließer zugelegt habe und er besonders stolz sei, damit seinem Herrscher so ähnlich zu sein. Der Kaiser entließ den Mann mit dem Rat, in Zukunft die nähere Umgebung der Hofburg zu meiden, um keinen neuen Fehlalarm auszulösen.

Als die Geschichte bekannt wurde, beorderte Burgtheater-Generalintendant Wlassek den Bürodiener zu sich und befahl ihm, den Bart sofort abzurasieren. Da Farina sich weigerte, diesen ihm unwürdig erscheinenden Schritt durchzuführen und lieber seine Pensionierung anbot, als sich von seiner kaiserlichen Gesichtstracht zu trennen, nahm die Angelegenheit ihren Amtsweg zurück zum Kaiser, der den Weiterbestand des Bartes genehmigte.

Ein anderer Doppelgänger des Kaisers war der Archivar Franz Komorany aus Temesvar, der eines Tages nach Wien reiste, um gegen seine Zurücksetzung im Dienst zu protestieren. Als er durch die Straßen der Stadt spazierte, freute er sich über die vielen freundlichen Menschen, die ihn ehrerbietig grüßten, und er nahm verwundert die Hofknickse vieler eleganter Damen entgegen. Bei den Hofbeamten kam er nicht zu Wort, da die Bediensteten außer mit tiefen Verbeugungen nicht wagten, sich seiner Person zu nähern, geschweige denn sie anzusprechen. Wie die Verwirrung aufgelöst wurde und ob Komorany die Ähnlichkeit mit dem Herrscher nützte, eine Beförderung zu erwirken, ist leider nicht überliefert.

Ein Mann, der dem Kaiser ähnelte, der aber vor allem seine Gesten und seine Mimik beherrschte, war Leibkammerdiener Eugen Ketterl. So hieß es auch von ihm, daß er den Kaiser bei einigen Ereignissen »auf weite Sicht« vertreten habe.

Auch Kaiserin Elisabeth verfügte über Doppelgängerinnen und setzte sie mit Sicherheit öfter ein als ihr Gemahl. An erster Stelle der Doubles rangierte die

Leibfriseuse Feifalik, die die menschenscheue Kaiserin öfters vertrat, damit sich ihre Herrin den neugierigen Blicken der sie überall auflauernden Menge entziehen konnte.

Zum ersten Mal ließ sich die Kaiserin durch Franziska Feifalik in Köln doubeln. Die Kammerfriseuse, die ebenso groß und schlank war wie Kaiserin Elisabeth und die deren kaum ein- bis zweimal getragenen Kleider zum Weitertragen erhielt, beherrschte auch die Haltung und Gestik ihrer hohen Arbeitgeberin. Als die Kaiserin Ende Juli 1874 nach England reiste, legte man in Straßburg eine kleine Pause ein und nahm an einem Empfang im Münster teil. Die Huldigung der Menge empfing die Ersatzkaiserin, währenddessen das Original von einem Geistlichen durch den Dom geführt wurde.

Im englischen Nobelseebad Ventnor auf der Isle of Wight nahm die Kaiserin anläßlich eines Kuraufenthaltes allmorgendlich um sechs Uhr früh im gestreiften Badekostüm Seebäder. Als sich die Anwesenheit des hohen Besuchs herumgesprochen hatte, lauerte man der Kaiserin neugierig auf. Daraufhin wurde Frau Feifalik mit dem gestreiften Anzug angetan und an den bis dahin aufgesuchten Strandplatz beordert, und die Kaiserin genoß den weiteren Aufenthalt mit ihrer Lieblingshofdame, Gräfin Festetics, unbeobachtet an einem neugewählten Ort. Im August des darauffolgenden Jahres griff man am Strand von Les Petites-Dalles in der Normandie auf die bewährte Methode zurück.

Im Jahr 1885 machte man – ein ausgedehntes Reiseprogramm unterbrechend – Station in Smyrna. Die

Kaiserin nutzte den Aufenthalt für ausgedehnte Mußestunden, während Franziska Feifalik in einem Galaboot im Hafen umhergeführt wurde und die Huldigung der Stadtväter entgegennahm.

Das Kapitel über die kaiserlichen Zweitausgaben soll mit der Geschichte des Schotten Alexander Kidd zu Ende gebracht werden. Dieser Mann hatte in seiner Jugend als Schiffsbauer in Glasgow gearbeitet. Im Sommer 1908 reiste er nach Monfalcone, einer kleinen Ortschaft in der Nähe Triests, wo er sich in der Folge auch häuslich niederließ. 1910 lernte er anläßlich eines Ausflugs nach der Adelsberger Grotte in der dortigen Weinschenke einen Aristokraten aus dem Hofhaushalt eines österreichischen Erzherzogs kennen, der sich ihm als Karl Hoffmann vorstellte. Im Verlauf dieses Zusammentreffens erzählte Hoffmann, daß die meisten Mitglieder der kaiserlichen Familie über einen im Staatsdienst stehenden Doppelgänger verfügten, der bei besonderen Anlässen in Erscheinung zu treten habe. Und da er, Kidd, eine täuschende Ähnlichkeit mit dem Thronfolger Franz Ferdinand aufwies, wollte Hoffmann dafür Sorge tragen, daß auch er in den Wiener Hofdienst aufgenommen würde. Was wenig später tatsächlich geschah und man den Schotten sorgsam auf seinen neuen Beruf vorbereitete. Er lernte die österreichische Mundart akzentfrei sprechen, erhielt eine militärische Ausbildung, Unterricht im Reiten, Fechten, Schießen sowie in Staatsbürgerkunde und Geographie. Währenddessen ließ er sich einen Schnurrbart und Koteletts wachsen und legte sich den passenden Haarschnitt zu.

Als er nach vollendeter Ausbildung dem Thronfolger vorgestellt wurde, zeigte sich dieser von seinem Gegenüber sehr beeindruckt: »Es passiert einem wirklich nicht alle Tage, einem bisher noch ungekannten Zwillingsbruder so unerwartet zu begegnen!«

Am 12. Mai 1912 übersiedelte Alexander Kidd in das Schloß Belvedere nach Wien, um die Ausbildung in Richtung Gestik und Gang zu vervollkommnen. Kidd wurde auf strengste Verschwiegenheit vereidigt, nur drei enge Vertraute des Thronfolgers wußten über seine Existenz und seine Aufgabe Bescheid, angeblich hatte man nicht einmal die Gemahlin des Thronfolgers in die heikle Angelegenheit eingeweiht. Im Spätsommer 1912 war die Ausbildung abgeschlossen. Im Juni 1914 sollte Kidd das erste Mal als Doppelgänger des Thronfolgers in Erscheinung treten. Kidd befand sich damals gemeinsam mit Hoffmann in Konstantinopel. Die beiden sollten auf dem Seeweg nach Pola reisen und sich von dort nach Sarajewo begeben. Man erwartete ein Telegramm, das die genaueren Weisungen beinhalten sollte. Vier Tage vergingen, ohne daß Nachricht eintraf. Am Abend des vierten Tages erfuhr Karl Hoffmann während eines Besuchs beim österreichischen Botschafter vom Mordanschlag auf das Thronfolgerpaar.

Durch ein Versehen oder aus Schlamperei hatte das türkische Telegrafenamt ein vom Thronfolger abgeschicktes Telegramm mit seinen Weisungen nicht weitergeleitet. Es ruhte im Postamt, und die Weltgeschichte nahm den bekannten Verlauf.

17
»Schöpfer des Menschen Glücks. Gieße Segen und Heil über seine Majestät herab.«

Der Kaiser im Herzen seiner Untertanen

Eine Wienerin übermittelt ihre Weihnachtsgrüße an den Kaiser: »Fröhliche Weihnachten, Himmelsfrieden, sei Ew. Majestät dem Kaiserhaus, Wien, und der Monarchie beschieden. Ehrfurchtsvoll gewidmet, Hannerl Heimroth, Wien, 23.XII.1899.«

Zum siebzigsten Geburtstag gratuliert die Hauptmannswaise Elise Freytag-Westhoffer, genannt ›Das Rathausweiberl von Wien‹, und überreicht dem Kaiser ein in rotes Leinen gebundenes, mit Goldlettern und mit einer Widmung versehenes Büchlein: »Euer Kaiserliche, Königliche Apostolische Majestät, Allergnädigster Kaiser und Herr! – Geruhen meinen, Euer Majestät gewidmeten Huldigungs-Prolog nebst einem Auszug meiner selbstverfaßten, mit meiner eigenen Handschrift versehenen Gedichte allergnädigst huldvoll entgegen zu nehmen, welchen ich Euer Majestät in tiefster Ehrfurcht zu Füßen lege. Euer Majestät getreueste Unterthanin, Hauptmannwaise Elisa Freytag-Westhoffer, ›das Rathausweiberl von Wien‹.«

Inhalt: ›Festprolog‹, verfaßt im November 1899 in meinem dreiundsechzigsten Lebensjahre,

›Einzig bleibt Elisabeth!‹

Einzig bleibt Elisabeth!
Edle Frau, Frau Kaiserin!
Hocherhab'ne Denkerin!
Mit dem engelmilden Herzen,
Sanfte Dulderin der Schmerzen!
Hing an dir mit warmen Triebe,
All' dein Volk in treuer Liebe;
Denn es war in Dir vereint,
Was bewundernd uns erscheint.
Warst du uns zum Heil gegeben,
Scheidet dies mit Deinem Leben;
Denn nach Jahren Früh und spät,
›Einzig bleibt – Elisabeth!‹

›Gottvertrauen‹, ›Waldesruhe‹,

›Mutterliebe‹ (am 21. Februar 1897 im Welt-Blatt erschienen),

›Trost im Leide‹, ›Abendgebet‹, ›Osterglocken‹,

›Das erste Veilchen‹ (mit einer Bleistiftzeichnung der Autorin),

›Verwelkte Blüthen. Sonett I. u. II.‹,

›An meinem sechszigsten (sic) Geburtstag meinen Gönnern gewidmet. Sonett‹ (am 30. Mai 1897 im Welt-Blatt erschienen),

›Liebesglück‹, ›Mein Vaterland‹, ›Am Sylvester‹,

›Der Dragoner und sein Pferd‹,

›Die Rettungsgesellschaft von Wien‹ (1895 im Wiener Familienjournal veröffentlicht),

›Feierabend‹,

»Nachtrag: So wahr mir Gott helfe, stammen sämmtliche, von meiner Hand geschriebenen Gedichte aus meiner Feder. In Armuth, Elend und Sorge habe ich es durch unermüdlichen Fleiß so weit gebracht, daß mein Talent am Abend meines Lebens zur Geltung gekommen ist und Gott der Herr hat meinen Bemühungen seinen Segen verliehen . . .«

Als Mitte Oktober 1907 Kaiser Franz Joseph an einer schweren Bronchitis erkrankt, reisen zwei besonders besorgte Damen zur Gnadenkirche Maria Schutz am Semmering, um für die Genesung des Kaisers zu beten. Von dort erreichen den Kranken am 19. Oktober 1907, über die Adresse des Leibkammerdieners, folgende Zeilen: »Meine Mutter und ich sind hiehergekommen, um hier für die Genesung Seiner Majestät zu beten! Mit uns betet wohl ganz Österreich und Jeder hatte nur den heißen Wunsch, der Kaiser möge es doch wissen, wie so unsagbar kostbar sein Wohlergehen uns Allen, Allen ist. Machen Sie mich, ich bitte sie, glücklich und geben Sie Seiner Majestät dieses Bildchen, das die Stärke unserer Gebete zeigt, vielleicht wirkt seine Nähe Wunder . . . ich schreibe aus der Kirche kommend . . . Ihre ergebene Marie von Glaser – Jenny von Glaser.«

Anläßlich des achtzigsten Geburtstags des Kaisers am 18. August 1910 erreichen unzählige Karten- und Brief-Gratulationen den Jubilar.

Gott erhalte, Gott beschütze
unsern Kaiser, unser Land!
Wo die Macht und die Pracht am Höchsten erglänzt,

da erscheint unser Kaiser golden bekränzt
als der Höchste im Reich.

Wo die Noth und das Elend am tiefsten schreit,
da erscheint unser Kaiser zur Hilfe bereit
der beste im Reich.
Hoch der mit mächtiger Hand
schützet mein Vaterland.
Glück seinen Völkern schafft Kraft
mit der Milde gepaart.
Hoch! Hoch! Hoch!

Wilhelmine Kropsbauer

Aus Obervellach schreibt eine Frau Lat auf Briefpapier mit goldenen Spitzen in Goldschrift: »An den Kaiser im Haus Nr. I., Wien: Schöpfer des Menschen Glücks. Gieße Segen und Heil über Seine Majestät herab. Die Sonne gehe jeden Tag heiter über seinen Scheitel. Führe Ihn auf den Pfad des Lebens, und gib nie zu das Gram und Sorge Seine Stirne faltet. Heiter wie ein holder Frühlingsmorgen sei jeder Seiner Tage. Sein Leben flüße ruhig wie ein Bach durch blumige Gegenden hin. Schütze Ihn, wenn Unglück Ihm dort oder Ungarische Feinde Ihn verfolgen. Dein Engel sei in allen Angelegenheiten Seines noch fünfundzwanzig Jahrln (sic) Lebens u. regiren bei Ihm, er sei Sein Führer Sein Schützer u. vereinige Ihm einstens mit Allen Seinen Lieben jenseits des Grabes wo keine Trenung mehr ist sondern Heilige ewige Liebe. In tiefster Ehrfurcht unterthänigste J. Lat.«

Mit einer Nadel hat Ignaz Dunger aus Steinfeld im

Oberdrautal in Kärnten das Briefpapier mit Arabesken versehen, auf dem er in goldener Tinte an seinen Kaiser schreibt:

»Begleitet von Himmels-Segen, war mein Heimatsland Kärnten 1335 den edlen Habsburgern übergeben. Beinahe durch 600 Jahre schon, stehn wir unter den ehrwürdigen Thron. Und führhin auch begleitet von Gottes Schutz und Segen. Mögen Ihre Majestät für uns arme Landeskinder noch viele frohe Geburtstage erleben. – Gewiedmet mit untertänigster Hochachtung von Ignaz Dunger.«

Aus der Schweiz erreichen den Kaiser Grüße mit der Ansicht der Stammburg der Habsburger (der Habichts- oder Habsburg) im Aargau: »Zum 80. Geburtstag von Ihrem erlauchten stolzen Stammschloß, meines Lieblingsausflugs in hier, weil ich nur eine halbe Stunde weg in Arbeit stehe und als echt patriotischer Steierer wünsche Ihnen von treuem Herzen und bitte Gott möchte Sie noch ville ville Jahre die allerbeste Gesundheit schenken u. noch in Fride und Glück und Segen Ihre Abendstunden zu verbringen.« Die als ›Unterthanin Marie Hassack Zeichnende‹ legt ein auf der Burg »gepflücktes Efeurankl der Majestät ehrfurchtsvoll zu Füssen«.

»Ein Bürger der ehemaligen Bundesfestung Mainz am Rhein, Großherzogtum Hessen, in welcher in früheren Tagen österreichisches Militär als Besatzung in Garnison lag, sendet Sr. k.u.k. Apost. Majestät dem Kaiser Franz Josef, dem die ganze Welt huldigt, zu

Allerhöchst dessen 80. Geburtstage allerunterthänigst die herzlichsten und aufrichtigsten Glück- und Segenswünsche. Mögen Sr. Maj. noch viele, viele Lebensjahre in körperlicher u. geistiger Frische beschieden sein. Hoch Se. Maj., Hoch Kaiser Franz Josef!« (der Bürgermeisterei-Beamte in Pension G.N. Werner).

»Zum 82. Geburtstag (18. August 1912) senden Unserem allverehrten Kaiser die innigsten Glückwünsche von treuen Untertanen.« (gezeichnet von mehreren Bewohnern des Ortes Aussig)

Frau Müller aus Dresden kondoliert am 27. November 1916 den Hinterbliebenen des Kaisers: »Meinem unvergeßlichen Kaiser! Ich bitte die durchlauchtigsten Herrschaften untertänigst, diesen Kranz zum Andenken an meinen mir unvergeßlichen Kaiser an der Bahre niederzulegen. Wenn auch dieser kleine Kranz nicht prunkvoll ist, soll er doch von meiner innigen Liebe und Treue zeugen, die ich für meinen lieben Kaiser gehabt und die nie erlöschen wird! – Voll tiefster Trauer vernahm ich die schreckliche Kunde, und wollte und konnte es nicht fassen, daß der vom ganzen Volke so vergötterte und auch zum Volke so liebwolle Fürst in den Himmel eingegangen. Mein innigster Wunsch gipfelte darin, daß mein heißgeliebter Kaiser noch eine goldne Friedenszeit erlebe, und daß Er noch recht viele Freude habe, doch der liebe Gott hat Ihn in sein himmlisches Reich berufen. – Mit wehem Herzen muß ich mich bescheiden, hier in Dresden, am Tag der Beisetzung ein Gebet zu verrichten, und nicht – was ich so tief, tief bedaure – noch persönlich ein letztes Lebewohl meinem totem Kaiser – für den ich alles getan hätte – zu sagen. Mein Herz erfüllt seit meines Herrschers Tod tiefe Traurigkeit, doch mein Brüderchen tröstet: der liebe Kaiser wäre ja jetzt im Himmel, da gäbe es keinen Krieg. Nun denn unser über alles geliebter Kaiser in die Gruft gesenkt wird, wünschen wir dem neuen Herrscherpaare alles Glück und erflehen Gottes Segen auf Sein Haupt, daß seine Regierung sich in einer goldnen Friedenszeit fortpflanzen möge! In tiefer Trauer eine treue österreichische Untertanin: Mimi Müller nebst Brüderchen.«

Uniformen des Kaisers

Österreichische Feldmarschalls-Galauniform mit Waffenrock, Pantalon, Hut mit Federbusch, Zobelmantel, Feldbinde von Gold, Säbel samt Kuppel und Portepée, ein paar Halbstiefel samt Sporen.
Ungarische Uniform mit Gala-Pelz, Attila, Kalpak, Reiherbusch, Czako und Paletot.
Uniform des Königlich-ungarischen Husaren-Regiments mit roten Hosen und hohen Stiefeln mit Sporen.

Kaiserlich-österreichische Regimentsuniformen

Österreichische Feldmarschalls-Kampagneuniform mit Waffenrock, Hose und Mantel,
Uniformen des Kaiserjäger-Regiments, des Infanterie-Regiments Nr. 1,
des Dragoner-Regiments Nr. 1 mit roten Pumphosen,
des Dragoner-Regiments Nr. 11,
des Ulanen-Regiments Nr. 4 mit Czapka und Pelz-Ulanka,
des Ulanen-Regiments Nr. 6,
des Artillerie-Regiments Nr. 1 mit Pantalons mit Lampas und des Artillerie-Regiments Nr. 8 mit blauer Stiefelhose.

Kaiserlich-russische Uniformen

Generalfeldmarschalls-Uniform mit gesticktem und mit Goldborten versehenem Waffenrock mit Silbergürtel, Stiefelhose, Mantel mit Achselstücken, Tschako mit Stehbusch, ein Paar Epauletten, Gürtel, ein Säbel samt Portepée und ein Paar hohe Stiefel mit Sporen,
die Uniform des Bielgoroder 35. Dragoner-Regiments mit den Pumphosen und dem blauen Passepoile, die Uniform der Kecksholmer Garde-Infanterie mit den dunkelgrünen Pumphosen, Pelzmütze und Silbergürtel, die der Kaiser bei seinem Besuch in St. Petersburg trug.

Königlich-preußische Uniformen

Uniform des General-Feldmarschalls mit gesticktem Waffenrock, weißer Stiefelhose, Mantel, Helm mit Federbusch, zwei Paar Achselstücke, Fangschnur, Säbel mit Kuppel und Portepée, Schärpe und hohe Lackstiefeln samt Sporen,
Uniform der Kaiser Franz-Gardeinfanterie mit schwarzgrauem Pantalon, Schärpe und Epauletten in Silber sowie Silbergürtel,
die Uniform des Husaren-Regiments Nr. 16 mit Pelzattika, Kalpak mit Reiherbüschen und Lackstiefeln.

Andere deutsche Uniformen

Königlich-bayrische Uniform des 13. Infanterie-Regiments, Königlich-württembergische Uniform des Infanterie-Regiments Nr. 122 mit Pantalons und Lampas daran und dem mit einem Federbusch geschmückten Helm,
Königlich-sächsische Uniform des Ulanen-Regiments Nr. 17 mit der Ulanka, Czapka, Fangschnur, Cartouche und Bandalier.

Weitere ausländische Uniformen

Generalsuniform des Königreichs Schweden mit Waffenrock, Hose, Mantel, Hut mit Federbusch, Schärpe, ein Paar Epauletten, ein Säbel samt Kuppel und Portepée und ein Paar Halbstiefel samt Sporen,
die Königlich-portugiesische Uniform des Infanterie-Regiments Nr. 5,
die Uniform des I. Englischen Königsdragoner-Garderegiments, dazu der Helm mit einem Roßhaarbusch,
die englische Feldmarschalls-Uniform mit rot gesticktem Waffenrock, weißer Reithose, Mantel, Hut mit Federbusch, Achselschnurgarnitur, Schärpe, Marschallstab, Säbel mit Kuppel und Portepée und ein Paar hohe Stiefel samt Stahlsporen mit Kette,
die dänische Generals-Uniform mit Waffenrock und Achselstücken, Hose, Mantel mit Achselstücken, Hut mit Federbusch, Säbel samt Kuppel und Portepée sowie ein Paar Halbstiefel mit Sporen,

die spanische Generalkapitäns-Uniform mit Galarock, Hose, Mantel, Helm mit Federbusch, ein Paar Epauletten, Schärpe, Säbel samt Kuppel und Portepée und ein Paar Halbstiefel samt Sporen,
die Uniform des spanischen Infanterieregiments Leon Nr. 38.

Hinzuzuzählen sind der Ornat und der Orden des Goldenen Vlieses, die Großkreuzsterne, das Stephansordensband (dem Nationalmuseum in Budapest übergeben), das Maria-Theresien-Ordensband und zahlreiche ausländische Orden, die sich seit dem Tod des Kaisers im Besitz des Heeresgeschichtlichen Museums in Wien befinden.

Kurzbiographien

Den Familiennamen in alphabetischer Reihung sind die Vornamen vorgestellt, bei Herrschern, Päpsten, Familienmitgliedern regierender Häuser, Erzherzogen und männlichen zugeheirateten Habsburgern gelten die Vornamen als Suchbehelf.

ABDUL AZIZ KHAN (Regierungszeit 1861–1876), Sultan aus der Dynastie der Osmanen.

ABDUL HAMID II. (Regierungszeit 1876–1909, autokratisch regierender Sultan aus der Dynastie der Osmanen.

KATHERINA ABEL, Solokomikerin und Balletteuse am Wiener Carl-Theater.

ABU BEKR, Sultan von Johore, indonesischer Fürst.

AHMAD (Regierungszeit 1909–1925), Schah von Persien aus der Dynastie der Kadscharen.

ADALBERT (geb. 1884), Sohn Kaiser Wilhelms und der Auguste Viktoria zu Schleswig-Holstein.

FERNANDO (Alvarez de Toledo Pimental) HERZOG VON ALBA (1507–1582), spanischer Feldherr und Staatsmann, Generalgouverneur von Mailand (1555/56), Vizekönig von Neapel (1556/58), 1567 Generalkapitän in den Niederlanden, 1573 abberufen, 1579 verbannt, 1580 an die Spitze des Heeres berufen, das Portugal erobert.

ALBERT (1828–1902), König von Sachsen (1873), Sohn König Johanns und der Prinzessin Amalie von Bayern.

ALBERT (1875–1934), Erbprinz und späterer König von Belgien, Sohn des Grafen Philipp von Flandern und der Prinzessin Maria von Hohenzollern-Sigmaringen.

ALBRECHT I. (1248–1308), Herzog von Österreich, deutscher König 1298, Sohn Graf Rudolfs I. von Habsburg und der Gräfin Gertrude von Hohenberg.

ALBRECHT (geb. 1865), Sohn Herzog Philipps von Württemberg und der Erzherzogin Maria Theresia von Österreich.

ALEXANDER III. (1845–1894), ab 1881 Zar von Rußland aus dem Haus Holstein-Gottorp, Sohn Zar Alexanders II. aus dessen erster Ehe mit Maria von Hessen.

ANNA (1323–1338), Tochter Königs Johann von Böhmen und zweite Gemahlin Herzog Ottos (des Fröhlichen).

AUGUST II., DER STARKE (1670–1733), König von Polen (1697–1706, 1709–1733) und als Friedrich August I. Kurfürst von Sachsen (ab 1694), Sohn Johann Georgs III., König von Polen (1674), Kurfürst von Sachsen (1680), und der Prinzessin Anna Sophie von Dänemark.

AUGUST (1818–1881), zweiter Sohn des Prinzen Ferdinand von Sachsen-Coburg-Gotha und der Prinzessin Antonie von Kohàry.

AUGUST (1852–1931), 1900 Großherzog von Oldenburg, Verzicht 1918, Sohn des Großherzogs Nikolaus Friedrich

Peter II. und der Elisabeth von Sachsen-Altenburg.

August Wilhelm (geb. 1887), Sohn Kaiser Wilhelms und der Auguste Viktoria zu Schleswig-Holstein.

Auguste (1858–1921), Tochter Herzog Friedrichs zu Schleswig-Holstein und der Prinzessin Adelheid Hohenlohe-Langenburg, erste Gemahlin des deutschen Kaisers Wilhelm II.

Auguste (1874–1957), Tochter des Prinzen Leopold von Bayern und der Erzherzogin Gisela, einer Tochter Kaiser Franz Josephs.

Helene Baltazzi, spätere Baronin Vetsera und Mutter der Mary Vetsera.

Friedrich Bayer, Begründer (1863) des chemischen Unternehmens Bayer AG mit Sitz in Leverkusen.

Graf August Bellegarde, Generaladjutant Kaiser Franz Josephs. Besitzer des Schlosses Großherrlitz bei Troppau.

Otto von Bismarck-Schönhausen (1815–1898), Graf seit 1865, ab 1871 Fürst und 1890 Herzog von Lauenburg, 1871–1890 Reichskanzler, preußischer Ministerpräsident (mit Ausnahme der Jahre 1872/73), Leiter der auswärtigen Politik und ab 1880 preußischer Minister für Handel und Gewerbe. Politische Gegensätze zur militärischen Führung und zur Umgebung des Kaisers führen im März 1890 zu seiner Entlassung durch Kaiser Wilhelm II.

Julius von Blaas (1845–1922), Porträt- und Tiermaler, Darsteller von Volksszenen, bevorzugter Maler des Wiener Hofs und der Hocharistokratie.

Louis Blériot (1872–1936), französischer Flugpionier, überquert als erster mit einem von einem 25 PS-Motor angetriebenen Eindecker 1909 den Kanal zwischen Calais und Dover.

HERMANNUS BOERHAAVE (1668–1738), niederländischer Mediziner und Chemiker, Professor in Leiden, Verfasser einer universellen Krankheitslehre.

JOHANN FRIEDRICH BÖTTGER (1682–1719), deutscher Alchimist, gemeinsam mit dem Mathematiker und Physiker Tschirnhaus gelang ihm die Herstellung von sogenanntem roten Böttgersteinzeug, später von gelblichem und schließlich (1717) von – europäischem – weißen Porzellan, Leiter der Porzellanmanufaktur in Meißen.

BARON BOLFRAS, Generaladjutant Kaiser Franz Josephs.

KARL GRAF BOMBELLES (1832–1889), Vizeadmiral und Obersthofmeister des Kronprinzen Rudolf.

LOUIS BOURDALOU (1632–1704), Jesuitenpater, Prediger (ab 1666); ab 1669 in Paris, wo er unter anderem am königlichen Hof predigt.

LUDWIG BRAUNSTINGL, Diener des Thronfolgers Franz Ferdinand, Schwager Eugen Ketterls.

CARLOS (1863–1908, ermordet), König von Portugal (ab 1889) aus dem Haus Sachsen-Coburg-Gotha, Sohn König Peters V. und der Prinzessin Stephanie von Hohenzollern-Sigmaringen.

DON CARLOS = Thronanwärter Karl (1788–1855), der Bruder König Ferdinands VII. von Spanien, sechster Sohn König Karls IV. und der Prinzessin Luise von Parma, Mittelpunkt einer Bewegung (der Karlisten), die seine Thronanwärterschaft forciert und die sich als Grundlage des politischen und sozialen Lebens die Rückkehr zur absolutistischen Monarchie erwählt.

Heinrich Graf von Chambord (1820–1883), Sohn Herzogs Ferdinand von Berry und der Prinzessin Karoline von Sizilien, Enkel König Karls X. von Frankreich.

Graf Heinrich Chorinsky, Sohn des ehemaligen Statthalters von Niederösterreich.

Sophie Gräfin Chotek (1868–1914), ab 1909 Herzogin von Hohenberg, Tochter des Grafen Bohuslaw Chotek von Chotkowa und Wognin; Gemahlin des Thronfolgers Franz Ferdinand.

Constantin Christomanos, Griechischlehrer der Kaiserin Elisabeth (um 1891/92).

Chulalongkorn (Regierungszeit 1868–1910), König von Siam, modernisiert in seinem Land alle Bereiche des staatlichen und öffentlichen Lebens, schafft die Sklaverei ab, führt ein nach westlichem Muster organisiertes Schul-, Steuer- und Justizwesen ein.

Meister Corbelli, kaiserlicher Tapezierer.

Graf Crenneville, kaiserlicher Oberstkämmerer.

Graf Degenfeld, österreichischer Kriegsminister.

Hugo Fürst Dietrichstein, Graf Mensdorff-Pouilly (1858–1920), Sohn des Fürsten Alexander von Dietrichstein zu Nikolsburg, Grafen von Mensdorff-Pouilly, und der Gräfin Alexandrine von Dietrichstein-Proskau-Leslie.

Johann Wolfgang Döbereiner (1780–1849), deutscher Chemiker und Professor in Jena.

Tom von Dreger (geb. 1868), Porträtmaler.

Dschagat Dschit Gurdit Singh, Maharadscha von Kapurthala, indischer Fürst.

THOMAS ALVA EDISON (1847–1931), amerikanischer Erfinder, Beiträge zur Verbesserung des Telefons, Erfinder des Phonogramms, eines Vorläufers des Grammophons, und eines Kinematographen (eines mit perforiertem Film arbeitenden Filmaufnahmegeräts).

EDUARD VII. (1841–1910), ab 1901 König von Großbritannien und Irland aus dem Haus Sachsen-Coburg-Gotha, Sohn Herzog Alberts von Sachsen-Coburg-Gotha und der Königin Viktoria.

LUDWIG EGGER, Leibkammerdiener des Kaisers Franz Joseph.

EITEL FRIEDRICH (geb. 1883), Sohn Kaiser Wilhelms und der Auguste Viktoria zu Schleswig-Holstein.

ELISABETH (1837–1898), Kaiserin, Gemahlin Kaiser Franz Josephs.

ELISABETH (1306–1330), Tochter Herzog Stefans von Bayern und erste Gemahlin Herzog Ottos (des Fröhlichen).

ELISABETH (1843–1916), Gemahlin des Fürsten und späteren Königs (ab 1881) Karl I. von Rumänien aus dem Haus Hohenzollern, als Dichterin unter dem Namen Carmen Silva bekannt.

ELISABETH (1883–1963), Tochter des Kronprinzen Rudolf und der Prinzessin Stephanie von Belgien.

ELISABETH (1892–1930), älteste Tochter Erzherzog Franz Salvators und der Erzherzogin Marie Valerie; Gemahlin des Grafen Georg von Waldburg-Zeil.

ELISE, EIGENTLICH ELISABETH LUDOVIKA (1801–1873), Tochter König Maximilians I. Joseph von Bayern aus dessen zweiter Ehe mit Prinzessin Karoline von Baden und eine Schwester sowohl der Mutter Kaiser Franz Josephs als auch der Mutter der Kaiserin Elisabeth; Gemahlin König Friedrich Wilhelms IV. von Preußen.

Dr. Eltz, Erbauer und Erstbesitzer der Kaiservilla in Bad Ischl.

Ernst Ludwig (geb. 1868), 1892 Großherzog von Hessen, 1918 Thronverlust, Sohn des Großherzogs Ludwig IV. und der englischen Prinzessin Alice, einer Tochter der Königin Viktoria.

Eugen (1863–1954), Sohn Erzherzog Karl Ferdinands (ein Sohn Erzherzog Karls, des Siegers von Aspern) und der Erzherzogin Elisabeth von Österreich.

Fabrizy, Hühneraugenoperateur Kaiser Franz Josephs.

Philipp Fahrbach (1843–1894), österreichischer Komponist.

Ferdinand I. (1861–1948), 1887 zum Fürsten Bulgariens gewählt, nach der Proklamation Bulgariens zum unabhängigen Königreich nennt er sich ab 1908 König (Zar) der Bulgaren, dankt 1918 ab, Sohn des österreichischen Generals Prinz August von Sachsen-Coburg-Koháry und der Prinzessin Klementine von Frankreich.

Ferdinand II. (1578–1637), Kaiser, zweiter Sohn Erzherzog Karls II. von Innerösterreich und der Maria von Bayern.

Ferdinand IV. (1835–1908), nomineller Großherzog von Toskana (1859) aus dem Haus Habsburg-Lothringen, Sohn Großherzog Leopolds II. und der Prinzessin Maria Antonie von Sizilien.

Ferdinand (1754–1806), erster Herzog von Modena (1771) aus dem Haus Habsburg-Lothringen (durch Heirat mit der Erbin Maria Beatrix d'Este), Sohn der Kaiserin Maria Theresia.

FERDINAND KARL (1868–1915), dritter Sohn Erzherzog Karl Ludwigs aus zweiter Ehe mit Maria Annunziata von Neapel-Sizilien, muß wegen der Ehe mit einer Bürgerlichen aus dem Erzhaus austreten und führt ab dem Jahr 1911 den Namen Ferdinand Burg.

FERDINAND MAXIMILIAN (1832–1867, erschossen), Kaiser von Mexiko, zweiter Sohn Erzherzog Franz Karls und der Prinzessin Sophie von Bayern, Bruder Kaiser Franz Josephs.

IDA VON FERENCZY (1841–1928), ab 1864 Vorleserin der Kaiserin Elisabeth.

MARIE GRÄFIN FESTETICS (1839–1923), Lieblingshofdame der Kaiserin Elisabeth.

WILHELM GRAF FESTETICS (1848–1919), ungarischer Adeliger.

LÉON FOUCAULT (1819–1868), bekannt durch den Foucaultschen Pendelversuch, französischer Physiker, demonstriert mit einem freischwingenden Pendel die Erdrotation.

FRANZ I. STEPHAN (1708–1765), Kaiser, Herzog von Lothringen, Großherzog von Toskana, Gemahl der Habsburger-Erbin Maria Theresia.

FRANZ II. (1768–1835), römisch-deutscher Kaiser, als Franz I. Kaiser von Österreich, ältester Sohn Kaiser Leopolds II. und der Maria Ludovica von Bourbon-Spanien.

FRANZ FERDINAND (1863–1914), Thronfolger, Erzherzog von Österreich-Este, ältester Sohn Erzherzog Karl Ludwigs aus dessen zweiter Ehe mit Prinzessin Maria-Annunziata von Neapel-Sizilien.

FRANZ KARL (1802–1878), dritter Sohn Kaiser Franz' II. (I.) aus dessen zweiter Ehe mit Prinzessin Maria Theresia von Neapel-Sizilien, Vater Kaiser Franz Josephs.

FRANZ SALVATOR (1866–1939), Sohn von Erzherzog Karl Salvator und der Prinzessin Maria Immakulata von Neapel-Sizilien; heiratet 1890 in Bad Ischl die jüngste Kaisertochter Marie Valerie, zehn Jahre nach ihrem Tod heiratet er 1934 Baronin Melanie Risenfels.

ELISE FREYTAG-WESTHOFFER, genannt ›Das Rathausweiberl von Wien‹, Dichterin.

FRIEDL, Kammerfrau des Kaisers in Schloß Schönbrunn.

FRIEDRICH I. BARBAROSSA (1122–1190, ertrunken), als Friedrich III. Herzog von Schwaben, Römischer König 1152, Kaiser 1155.

FRIEDRICH I. (1826–1907), Großherzog von Baden (1856), seit 1852 Regent, Sohn des Großherzogs Leopold I. und der Prinzessin Sofie von Schweden, einer Tochter König Gustavs IV.

FRIEDRICH (1327–1344), ältester Sohn Herzog Ottos des Fröhlichen und der Elisabeth von Bayern.

FRIEDRICH AUGUST III. (1865–1324), 1904 König von Sachsen, verzichtet 1918, Sohn König Georgs von Sachsen und der Prinzessin Maria Anna von Portugal.

FRIEDRICH WILHELM I. (1744–1797), König von Preußen (ab 1786), Neffe König Friedrichs II., Sohn des Prinzen August Wilhelm und der Luise von Braunschweig-Wolfenbüttel.

FRIEDRICH WILHELM (geb. 1882), Kronprinz, Sohn Kaiser Wilhelms II. und der Auguste Viktoria zu Schleswig Holstein.

GRAF FÜNFKIRCHEN, Flügeladjutant Kaiser Franz Josephs.

FRIEDRICH GAUERMANN (1807–1862), österreichischer Maler und Graphiker, gilt als »Modelandschafter der Romantik« und als Bahnbrecher des Landschaftsnaturalismus.

GEORG (1880–1943), Prinz von Bayern, Sohn Prinz Leopolds von Bayern und der Erzherzogin Gisela von Österreich.

CAMILLA GERZHOFER, Kinderdarstellerin am Wiener Burgtheater, ab 1894 Hofschauspielerin.

GISELA (1856–1932), Tochter Kaiser Franz Josephs und der Kaiserin Elisabeth.

JOHANN WOLFGANG VON GOETHE (1749–1832), deutscher Dichter.

ALEXANDER GIRARDI (1850–1918), österreichischer Volksschauspieler.

YVETTE GUILBERT (1867–1944), französische Diseuse, später auch Interpretin von Volksliedern und Filmschauspielerin.

GUSTAV IV. ADOLF (1778–1837), König von Schweden aus dem Haus Holstein-Gottorp, Sohn König Gustavs III. und der Prinzessin Sofie Magdalene von Dänemark, verliert 1809 den Thron, seine Nachkommen führen den Titel (siehe auch:) Prinzen von Wasa.

26 Generaladjutant Generaloberst Eduard Graf Paar und die Flügeladjutanten Oberste Graf Hoyos und von Spanyik

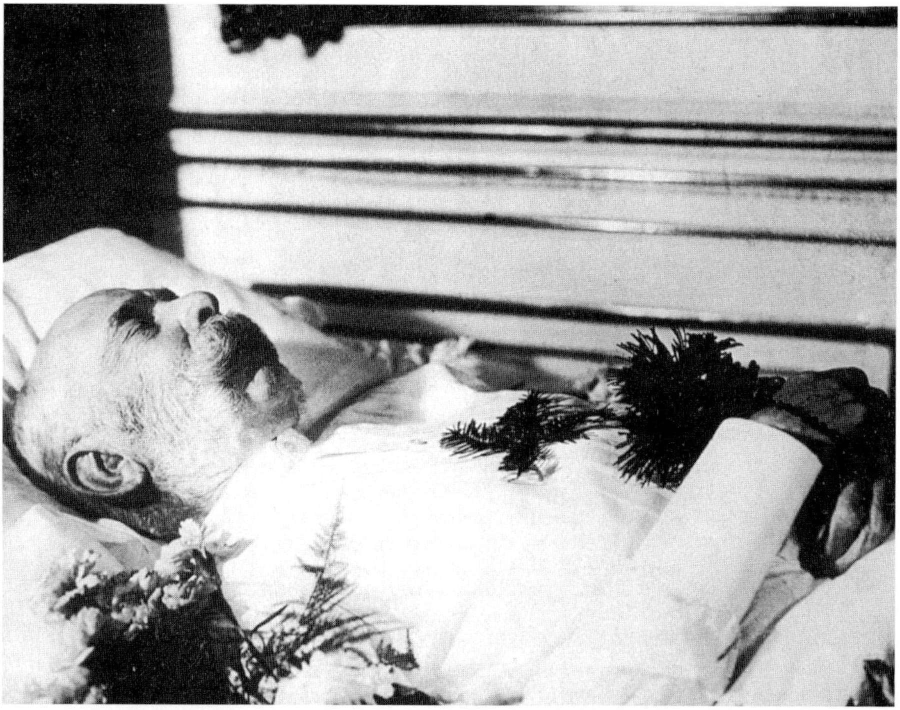

27 Kaiser Franz Joseph auf dem Totenbett

20

28–31 Spaziergänge in der Umgebung von Bad Ischl

32 Ein seltenes Bilddokument: der lachende Kaiser

KARL FREIHERR VON HASENAUER (1833–1894), österreichischer Architekt des Ringstraßenstils, Schüler Sicardsburgs und van der Nülls an der Akademie der bildenden Künste in Wien und Lehrer Otto Wagners, sein bedeutendstes Bauvorhaben ist das sogenannte Kaiserforum, der Um- und Ausbau der Wiener Hofburg (Museen, Neue Hofburg und Burgtheater).

HEINRICH (1828–1891), Erzherzog von Österreich, fünfter Sohn des Vizekönigs von Lombardo-Venetien Rainer Josef und der Prinzessin Elisabeth von Savoyen-Carignan; wegen einer nicht standesgemäßen Ehe mit der Sängerin Leopoldine Hofmann muß er aus dem Kaiserhaus ausscheiden und führt ab 1868 den Namen eines Grafen Waideck.

HEINRICH (1862–1929), zweiter Sohn des deutschen Kaisers Friedrich III. und der Prinzessin Viktoria von Großbritannien, Bruder Kaiser Wilhelms II.

HEINRICH (1884–1916, gefallen), Sohn Prinz Arnulfs von Bayern und der Prinzessin Theresia von Liechtenstein, Neffe der Erzherzogin Gisela von Österreich.

HELENE (1834–1890), Tochter Herzog Maximilians in Bayern und der Prinzessin Ludovika von Bayern, älteste Schwester der Kaiserin Elisabeth, verehelichte Erbprinzessin von Thurn und Taxis.

CAROLA HEUDUCK, Tochter der Anna Nahowska aus erster Ehe.

KARL HOFFMANN, aus dem Hofhaushalt eines österreichischen Erzherzogs, möglicherweise ident mit Karl Hofmann.

KARL HOFMANN, österreichischer Regierungsrat, Kabinettssekretär.

GRAF KALMAN HUNYADY, kaiserlicher Zeremonienmeister.

KAMMERGRAFEN VON INNERBERG, ehemalige Besitzer des Kammer-Hofs in Eisenerz, einem späteren Jagdsitz Kaiser Franz Josephs.

JOHANN ALBRECHT (1857–1920), vierter Sohn des Großherzogs Friedrich Franz II. von Mecklenburg-Schwerin und der Prinzessin Auguste Reuss-Köstritz.

JOSEF (1833–1905), zweiter Sohn des Erzherzog-Palatins Josef Anton aus dritter Ehe mit Maria Dorothea von Württemberg.

JOSEF (1872–1942), ältester Sohn des Erzherzogs Josef und der Prinzessin Klotilde von Sachsen-Coburg-Gotha, heiratet 1893 Prinzessin Auguste von Bayern, eine Enkelin Kaiser Franz Josephs.

JOSEFINE (geb. 1872), Tochter des Großherzogs Philipp von Flandern und der Prinzessin Maria von Hohenzollern-Sigmaringen; Gemahlin Prinz Karl Antons von Hohenzollern-Sigmaringen.

IRENE (geb. 1888), Tochter des Großherzogs Ludwig IV. von Hessen und der englischen Prinzessin Alice, einer Tochter der Königin Viktoria; Ehefrau Prinz Heinrichs von Preußen, eines Bruders des deutschen Kaisers Wilhelm.

JOACHIM (geb. 1890), Sohn Kaiser Wilhelms und der Auguste Viktoria zu Schleswig-Holstein.

JOSEF II. (1741–1790), Kaiser, König von Böhmen und Ungarn, ältester Sohn von Kaiser Franz I. Stephan und der Kaiserin Maria Theresia.

DAVID KALAKAUA, König von Hawaii.

KARL I. (1887–1922), Kaiser von Österreich, ältester Sohn Erzherzog Ottos und der Prinzessin Maria Josefa von Sachsen, Großneffe Kaiser Franz Josephs (Enkel des Kaiserbruders Karl Ludwig), dessen Nachfolge er als österreichischer Regent antritt.

KARL V. (1500–1558), Kaiser, als König von Spanien Karl I., Sohn von König Philipp dem Schönen von Burgund und von Johanna der Wahnsinnigen, der Erbin der spanischen Königreiche.

KARL (1654–1730), Landgraf von Hessen-Kassel, Sohn Wilhelms VI. und der Hedwig Sofie von Brandenburg.

KARL ANTON (1868–1919), Sohn Prinz Leopolds von Hohenzollern-Sigmaringen und der Prinzessin Antonia von Portugal.

KARL LUDWIG (1833–1896), dritter Sohn Erzherzog Franz Karls und der Prinzessin Sophie von Bayern, Bruder Kaiser Franz Josephs.

KARL THEODOR (1839–1909), Sohn Herzog Maximilians in Bayern und der Prinzessin Ludovika von Bayern, Bruder der Kaiserin Elisabeth.

KAROLINE AUGUSTE (1792–1873), Kaiserin, vierte Gemahlin Kaiser Franz' II. (I.), Tochter des späteren Königs von Bayern, Maximilian I. Joseph.

DR. JOSEPH RITTER VON KERZL (1841–1919), Leibarzt Kaiser Franz Josephs.

EUGEN KETTERL (geb. 1859), ab 1894 als Leibkammerdiener im Dienst Kaiser Franz Josephs.

FRANZ KETTERL, Rechtswissenschaftler, hoher Beamter in

der Bundeskammer der Gewerblichen Wirtschaft, Sohn Eugen Ketterls.

ALEXANDER KIDD, schottischer Doppelgänger des Thronfolgers Franz Ferdinand.

BARON ANTON KISS, Sohn der Katharina Schratt, Diplomat.

BARON ELEMER KISS VON ITTEBE, Bruder des Nikolaus.

BARON NIKOLAUS KISS VON ITTEBE, ungarischer Aristokrat und Ehemann der Katharina Schratt.

CLAUDIUS ALEXANDER RITTER VON KLAUDY, Direktor der Hofbahnreisen.

KLOTHILDE (1846–1927), Tochter des Herzogs August von Sachsen-Coburg-Saalfeld und Sachsen-Coburg-Gotha und der Prinzessin Klementine von Frankreich; Gemahlin Erzherzogs Josef d.Ä.

KOCH, Bademeister und Leibmasseur Kaiser Franz Josephs.

KÖLLER, Direktor der Wiener Hofapotheke.

MORITZ FREIHERR VON KÖNIGSWARTER (1837–1893), Wiener Bankier, macht sich während der Finanzkrise von 1873 verdient; bekannter Kunstsammler der Ringstraßenzeit.

KÖRBER, österreichischer Ministerpräsident.

SIGISMUND GRAF KOLLONITSCH (1677–1751), Erzbischof von Wien, Kardinal.

FRANZ KOMORANY, Archivar aus Temesvar.

KONRAD (1883–1969), Prinz von Bayern, Sohn Prinz Leopolds von Bayern und der Erzherzogin Gisela von Österreich.

Heinrich Freiherr von Kulmer, Flügeladjutant Kaiser Franz Josephs.

Béla Kun (1886–1939?), ungarischer Politiker, 1916–1918 in russischer Kriegsgefangenschaft, organisiert nach seiner Rückkehr die ungarische KP, proklamiert im März 1919 die Räterepublik, in der er das Volkskommissariat für Auswärtiges übernimmt, berüchtigt durch sein Terrorregime, flieht nach Zusammenbruch der Räterepublik im August 1919 nach Österreich, 1920 nach Sowjetrußland, im Verlauf der Großen Säuberung (1935–1938) verhaftet.

Josef Kundrat, Leibkammerdiener Kaiser Franz Josephs, Verwalter der Hofjagdschlösser.

Magdalena Kundrat, geborene Pfister, Ehefrau des Josef Kundrat.

Marie Kundrat, Oberhofwäschemeisterin, Tochter des Josef Kundrat.

Josef Ritter von Kundrat-Lüftenfeld, kaiserlicher Kabinettssekretär, Sohn des Josef Kundrat.

Kussmann, Friseur Kaiser Franz Josephs.

Graf Lam(b)sdorff, österreichscher Außenminister.

Graf Latour, Flügeladjutant Kaiser Franz Josephs.

Heinrich Laube (1806–1884), deutscher Schriftsteller, Publizist und Theaterdirektor.

Adolf Lechartier, Hof-Oberbereiter der Campagne-Reitschule in Wien.

Graf Timotheus Ledochowski (1797–1846), zunächst in polnischen, später in österreichischen Diensten, Oberstleutnant im 12. Husarenregiment, Dienstkämmerer bei Erzherzog Franz Karl, bis er dem Hofstaat von dessen Söhnen Franz Joseph und Ferdinand Maximilian zugeteilt wird, er stirbt als Oberst im fünfzigsten Lebensjahr.

LEHNER, kaiserlicher Leibchauffeur, Sohn von Linzer Gastwirtsleuten.

LEOPOLD I. (1640–1705), Kaiser, Sohn Kaiser Ferdinands III. aus dessen erster Ehe mit Maria von Spanien.

LEOPOLD (1328–1344), Sohn Herzog Ottos des Fröhlichen und der Elisabeth von Bayern.

LEOPOLD (1846–1930), Sohn des Prinzregenten Luitpold von Bayern und der Auguste Ferdinande, Erzherzogin von Österreich und Prinzessin von Toskana; 1873 vermählt er sich mit Erzherzogin Gisela, einer Tochter Kaiser Franz Josephs und der Kaiserin Elisabeth.

JANOS LIBENYI, Attentäter an Kaiser Franz Joseph.

MARGIT LIBENYI, Tänzerin, Schwester des Janos Libenyi.

LIECHTENSTEIN:
Prinz Georg (geb. 1911), Sohn des Prinzen Aloys von Liechtenstein und der Erzherzogin Elisabeth Amalie von Österreich, Bruder des Fürsten Franz Joseph II. von Liechtenstein.
Fürst Rudolf (1838–1908), General der Kavallerie, 1891 Oberststallmeister, 1896 Obersthofmeister Kaiser Franz Josephs.

VON LINDEQUIST, General der Infanterie unter dem deutschen Kaiser.

LOBKOWITZ:
Prinzessin Leopoldine (1813–1882), Tochter des Prinzen

Moritz von Liechtenstein und der Prinzessin Leopoldine Esterházy; Gemahlin des Prinzen Ludwig Lobkowitz. Ludwig (1843–1868), Sohn der Leopoldine Lobkowitz.

LUDWIG XVI. (1754–1793, hingerichtet), König von Frankreich, Sohn Ludwigs von Frankreich und der Prinzessin Josefa von Sachsen, verheiratet mit Erzherzogin Marie Antoinette, einer Tochter der Kaiserin Maria Theresia.

LUDWIG XVIII. (1755–1824), König von Frankreich, Sohn Prinz Ludwigs von Frankreich und der Prinzessin Josefa von Sachsen und Bruder König Ludwigs XVI.

LUDWIG SALVATOR (1847–1915), Sohn des Großherzogs Leopold II. von Toskana und dessen zweiter Gemahlin Maria Antonia, Prinzessin beider Sizilien.

LUDWIG VIKTOR (1842–1919), jüngster Sohn von Erzherzog Franz Karl und Prinzessin Sophie von Bayern und Bruder Kaiser Franz Josephs.

LUISE (1838–1923), Tochter des deutschen Kaisers Wilhelm I. und der Auguste von Sachsen-Weimar, Gemahlin Großherzog Friedrichs I. von Baden.

LUITPOLD (1821–1912), Prinzregent (1886–1912), dritter Sohn König Ludwigs I. von Bayern und der Therese von Sachsen-Altenburg, regiert für seine beiden Neffen Ludwig II. und Otto I. Nach dem Tod Ottos wird der älteste Sohn des Prinzregenten 1913 als Ludwig III. zum König ernannt und 1918 abgesetzt.

AUGUST MALY, Teilnehmer an der Gründonnerstags-Fußwaschungszeremonie.

ZDENKO MARES, österreichischer Ministerialrat, Hofreisedirektor.

Maria Amalie (1780–1798), Tochter Kaiser Leopolds II. und der Prinzessin Maria Ludovica von Spanien-Bourbon.

Maria Anna (1835–1840), Tochter Erzherzog Franz Karls und der Prinzessin Sophie von Bayern, einzige, als Kind verstorbene Schwester Kaiser Franz Josephs.

Maria Josefa (1867–1944), Tochter des späteren Königs Georg von Sachsen und der Infantin Maria Anna von Portugal, Gemahlin Erzherzog Ottos und Mutter des späteren Kaisers Karl.

Maria Theresia (1717–1780), Kaiserin, Königin von Böhmen und Ungarn, älteste Tochter Kaiser Karls VI. und der Prinzessin Elisabeth Christine von Braunschweig-Wolfenbüttel; Gemahlin von Kaiser Franz I. Stephan (von Lothringen).

Maria Theresia (1855–1944), Tochter des portugiesischen Thronprätendenten Miguel (Regent 1828, erklärt sich zum König und verliert noch im selben Jahr wieder den Thron, verzichtet 1834) und der Prinzessin Adelheid von Löwenstein-Wertheim-Rosenberg; dritte Gemahlin Erzherzog Karl Ludwigs, eines Bruders Kaiser Franz Josephs.

Maria Theresia (1867–1909), Tochter des Prinzen Ludwig von Bourbon-Sizilien und der Prinzessin Matilde in Bayern, einer Schwester der Kaiserin Elisabeth; erste Gemahlin des Erbprinzen Wilhelm von Hohenzollern-Sigmaringen.

Maria Karolina (1825–1915), Tochter Erzherzog Karls (des Siegers von Aspern) und der Henriette von Nassau-Weilburg, Gemahlin Erzherzog Rainers.

Marie Luise (1791–1847), Kaiserin der Franzosen, Herzogin von Parma, Piacenza und Guastalla, ältestgeborenes Kind des späteren Kaisers Franz II. (I.) und dessen zweiter Gemahlin Maria Theresia, Prinzessin beider Sizilien; verheiratet in erster Ehe mit Napoleon I., in zweiter Ehe mit Adam Adalbert Graf Neipperg, in dritter Ehe mit Karl Graf von Bombelles.

MARIE-LUISE (1870–1899), Tochter Herzog Roberts von Parma aus dessen erster Ehe mit Maria Pia von Sardinien, Halbschwester der Kaiserin Zita.

MARIE VALERIE (1868–1924), jüngste Tochter Kaiser Franz Josephs und der Kaiserin Elisabeth.

PAUL MARKO, kaiserlicher Hofsaalkammerdiener in der Wiener Hofburg.

CONTE DON JOSÉ MAROTO DE FRESNO Y DE LANDRES, spanischer Grande(?), Alchimist und Abenteurer des 19. Jahrhunderts.

RUDOLF MARSCHALL, Kammermedailleur.

BERTHA VON MARWITZ, Hofdame der Königin Elise von Preußen.

FRANZ MAUDRY, Oberst, Festungskommandant von Mostar.

MAXIMILIAN I. (1459–1519), Kaiser, Sohn Kaiser Friedrichs III. und der Eleonore von Portugal.

MAXIMILIAN I. JOSEF (1756–1825), 1799 Kurfürst, 1806 König von Bayern, Sohn des Pfalzgrafen Friedrich Michael und der Prinzessin Maria Franziska Dorothea von Pfalz-Sulzbach.

MAXIMILIAN II. EMANUEL (1662–1726), Kurfürst von Bayern, Sohn des Kurfürsten Ferdinand Maria und der Prinzessin Henriette Adelheid von Savoyen.

MAXIMILIAN, Kaiser von Mexiko, s. Ferdinand Maximilian.

BISCHOF DR. LAURENZ MAYER (18??-1912), Hof- und Burgpfarrer.

BARON MAYR/MEYR?, Generaldirektor des habsburgischen Familienfonds.

MILES, US-Repräsentant der Internationalen Handelskammer in Basel, zweiter Ehemann der Bobarle Margarete Braun.

PETER MITTERHOFER, österreichischer Erfinder der ersten hölzernen Schreibmaschine.

FRIEDRICH MITTERWURZER (1844–1897), Schauspieler und Oberregisseur am Hofburgtheater, Leiter des Carl-Theaters (1886–1894).

MOHAMMED ALI MIRZA (Regierungszeit 1907–1909), Schah von Persien aus der Dynastie der Kadscharen.

FÜRST ALFRED MONTENUOVO (geb. 1854), Obersthofmeister Kaiser Franz Josephs, Enkel der Kaiserin Marie Luise von Frankreich und des Grafen Adam Albert von Neipperg.

ROSA MOSKOWITZ, Weißnäherin in der Wäschekammer der Wiener Hofburg.

JOSEF MÜHLBACHER, Oberjäger in Eisenerz.

MUSAFFER-ED-DIN (Regierungszeit 1896–1907), Schah von Persien aus der Dynastie der Kadscharen.

JOSEF NAGEL, Wiener Hofkutscher.

HELENE NAHOWSKA, Tochter der Anna Nahowska, spätere Ehefrau Alban Bergs.

FRANZ NAHOWSKI, Sohn des polnischen Bürgermeisters in Biala, Beamter der k.k. Privilegierten Südbahngesellschaft, erster Ehemann der Anna Nahowska.

NAPOLEON I. (1769–1821), Kaiser der Franzosen, zweiter Sohn eines korsischen Advokaten C. Buonaparte; in erster Ehe verheiratet mit Joséphine de Beauharnais, in zweiter Ehe mit Erzherzogin Marie Luise von Österreich, einer Tochter Kaiser Franz II. (I.)

NAPOLEON III. (1808–1873), Kaiser der Franzosen, ein Neffe Napoleons I., Sohn König Ludwigs von Holland (aus dem Haus Bonaparte) und der Hortense Beauharnais.

NASR-ED-DIN (Regierungszeit 1848–1896), Schah von Persien aus der Dynastie der Kadscharen.

ADAM ALBERT GRAF VON NEIPPERG (1775–1829), österreichischer General und Diplomat, 1811–12 Gesandter in Schweden, ab 1814 Begleiter, schließlich Oberhofmeister der Kaiserin Marie Luise, schließt 1822 mit ihr eine morganatische Ehe, die Nachkommen (die den Namen Montenuovo führen) erlöschen 1951 im Mannesstamm.

FRANZ NEUBACHER, Revierförster des Forstdistrikts Langwies.

NIKOLAUS II. ALEXANDROWITSCH (1868–1918), Kaiser von Rußland (aus dem Haus Holstein-Gottorp), Sohn Kaiser Alexanders III. und der Prinzessin Marie Dagmar von Dänemark; dankt 1917 während der Februarrevolution ab und wird während des Bürgerkriegs mit seiner Familie von den Bolschewiki ermordet.

OSKAR (geb. 1888), Sohn Kaiser Wilhelms und der Auguste Viktoria zu Schleswig-Holstein.

OTTO, Beiname der Fröhliche (1301–1339), Herzog, der sechste Sohn Kaiser Albrechts I. (1248–1308) und der Gräfin Elisabeth von Tirol.

OTTO (1865–1906), zweiter Sohn Erzherzogs Karl Ludwig,

eines Bruders Kaiser Franz Josephs, und der Prinzessin Maria Annunziata von Bourbon-Sizilien, Vater des nachmaligen Kaisers Karl I.

OTTO (geb. 1912), ältester Sohn Kaiser Karls und der Prinzessin Zita von Bourbon-Parma, lebt als Politiker in Bayern.

EDUARD GRAF PAAR (1837–1919), General der Kavallerie und Erster Generaladjutant Kaiser Franz Josephs (1887–1916).

PACHMAYER, Leibkammerdiener Kaiser Franz Josephs.

EDUARD PALMER, Finanzier, Vizepräsident der Länderbank in Wien.

ROSA PAPIER, Sängerin und Gesangspädagogin.

FRANZ VON PAUSINGER (1839–1915), österreichischer Tier- und Landschaftsmaler und Illustrator.

PAYERL, Leibkammerdiener Kaiser Franz Josephs.

PETERA, kaiserlicher Leibjäger aus Bad Ischl.

PHILIPP II. (1527–1598), König von Spanien, als König von Portugal Philipp I., Sohn Kaiser Karls V. und der Isabella von Portugal.

PHILIPP III. (1578–1621), König von Spanien und als Philipp II. König von Portugal, Sohn König Philipps II. und dessen vierter Gemahlin Anna von Österreich.

DR. GUSTAV PIFFL, Wiener Kardinal-Fürsterzbischof.

PIUS IX. (1792–1878), Papst (ab 1846), geborener Graf Giovanni Maria Mastai-Ferretti.

GAVRIL PRINCIP, Mörder des österreichischen Thronfolgerpaares.

Rainer (1827–1913), Erzherzog, Sohn des Vizekönigs von Lombardo-Venetien und der Prinzessin Maria Elisabeth von Savoyen.

Max Reinhardt (1873–1943), österreichischer Theaterdirektor und Regisseur, Mitbegründer der Salzburger Festspiele.

Johann Nepomuk Reithoffer (1781–1872), Fabrikant und Erfinder, begründet 1821 mit seiner Kautschukfabrik die Produktion von elastischen Geweben nach eigenen Patenten in Wien.

René (geb. 1894), Sohn Herzog Roberts von Bourbon-Parma und der Prinzessin Maria Antonia von Portugal, Bruder der Kaiserin Zita.

Resa Khan (Regierungszeit 1925–1941), Schah von Persien aus der Dynastie der Pahlawiden.

Romualdo Roccatani, neapolitanischer Alchimist und Abenteurer des 19. Jahrhunderts.

Antonio Jimenez de la Rosa, sizilianischer Alchimist und Abenteurer des 19. Jahrhunderts.

Rothschild, jüdische Bankiersfamilie deutscher Herkunft, James Mayer (1792–1868), Sohn von Mayer Amschel, Begründer des französischen Zweigs des Bankhauses Rothschild.

Rudolf II. (1552–1612), Kaiser, ältester überlebender Sohn Maximilians II. und der Infantin Maria.

Rudolf (1858–1889), Kronprinz von Österreich, einziger Sohn Kaiser Franz Josephs und der Kaiserin Elisabeth.

Don Domenico Emanuele Gaetano Graf von Ruggiero, italienischer Alchimist des 17. Jahrhunderts.

DONNA MARIA GRÄFIN VON RUGGIERO, geborene della Torre, Ehefrau des Don Domenico.

GEORG RUKOWANSKI, Leibkammerdiener Kaiser Franz Josephs, Leibjäger und Leibbüchsenspanner.

ADELE SANDROCK (1863–1937), deutsche Schauspielerin niederländischer Herkunft. Engagements in Wien, Budapest und ab 1905 vorwiegend in Berlin, Geliebte Arthur Schnitzlers, für die er viele Rollen schuf.

SOPHIE BARONIN SCHARNHORST, Hofdame der Prinzessin Amalie von Schweden in Wien.

SCHINDLER, wahrscheinlich Emil Jakob Schindler (1842–1892), österreichischer Landschaftsmaler.

VON SCHLABRENDORF, deutscher General, Festungskommandant in Küstrin.

ARTHUR SCHNITZLER (1862–1931), österreichischer Arzt und Schriftsteller.

ANTON SCHRATT, Kaufmann, Vater der Katharina Schratt.

CHRYSOSTOMUS SCHRATT, aus Konstanz stammender Bade- und Kreiswundarzt, Großvater der Schauspielerin Katharina Schratt.

KATHARINA SCHRATT (1853–1940), Schauspielerin am Wiener Burgtheater (ab 1883).

DR. ANTON SCHRÖTTER, österreichischer Professor der Chemie am Polytechnischen Institut in Wien.

FRIEDRICH SCHWARZ, kaiserlicher Tapezierer am Wiener Hof.

SCHWARZ-SEBORN, Generaldirektor der Wiener Weltausstellung des Jahres 1873.

Otto Freiherr von Seefried auf Buttenheim (geb. 1870), 1904 in den Grafenstand erhoben, verheiratet mit Prinzessin Elisabeth von Bayern, einer Enkelin Kaiser Franz Josephs.

Sehfeld, Goldmacher während der Regierungszeit Kaiserin Maria Theresias.

Dr. Ernest Seydl, Wiener Burgpfarrer.

Josef Sennhofer, Leibfriseur Kaiser Franz Josephs.

Sigismund (1826–1891), Erzherzog von Österreich, dritter Sohn des Vizekönigs von Lombardo-Venetien Rainer Josef und der Prinzessin Elisabeth von Savoyen-Carignan.

Prinz Solms, Präsident des österreichischen Automobilclubs.

Adolf Ritter von Sonnenthal (1834–1909), Schauspieler, ab 1856 am Burgtheater, Publikumsliebling mit großen Auslandserfolgen in Amerika, Rußland und Deutschland.

Sophie (1805–1872), Gemahlin des Erzherzogs Franz Karl und Mutter Kaiser Franz Josephs.

Sophie (1855–1857), erste, als Kind verstorbene Tochter Kaiser Franz Josephs und der Kaiserin Elisabeth.

Sophie Charlotte (geb. 1879), Tochter des Großherzogs August von Oldenburg aus dessen erster Ehe mit der Prinzessin Elisabeth von Preußen; Gemahlin Prinz Eitel Friedrichs von Preußen.

Friedrich Spannbauer, Leibkammerdiener Kaiser Franz Josephs.

Viktor Stauffer (1852–1934), österreichischer Porträtist.

Stephanie (1864–1945), Gemahlin des Kronprinzen Rudolf,

heiratet 1900 in zweiter nicht standesgemäßer Ehe den ungarischen Grafen Elemér Lónyay von Nagylónya und Vásárosnamény, der 1917 von Kaiser Karl in den Fürstenstand erhoben wird.

BARON PHILIPP STILLFRIED, österreichischer Zeremonienmeister.

JOHANN STRAUSS SOHN (1825–1899), österreichischer Komponist.

GERHARD VAN SWIETEN (1700–1772), 1745 Leibarzt der Kaiserin Maria Theresia, 1749–1753 Leiter der medizinischen Fakultät der Wiener Universität, Direktor der Hofbibliothek.

EDUARD GRAF TAAFFE (1833–1895), Ressortminister 1868–1870 und 1870–1879, Ministerpräsident 1879–1893.

PIERRE HENRI THÉODORE TETAR VAN ELVEN (1831–1908), niederländischer Maler.

THERESE, eigentlich Marie Therese (1817–1886), Tochter des Herzogs Franz IV. von Modena aus dem Haus Habsburg-Lothringen und der Prinzessin Beatrix von Sardinien; Ehefrau des Grafen Heinrich von Chambord.

GRAF THUN, in Mexiko stationierter österreichischer General unter Kaiser Maximilian.

THURN UND TAXIS: Erbprinz Maximilian Anton Lamoral (1831–1867), Sohn des Fürsten Maximilian Karl und der Wilhelmine Freiin von Dörnberg.
Fürst Albert (geb. 1867), Sohn des Erbprinzen Maximilian Anton Lamoral und der Prinzessin Helene (Néné) Herzogin in Bayern (1834–1890), einer Schwester der Kaiserin Elisabeth; durch den frühen Tod des Vaters und

die nahe Verwandtschaft zum österreichischen Kaiserhaus wird Kaiser Franz Joseph bis zur Volljährigkeit Alberts zum Kurator des Thurn und Taxis'schen Vermögens bestellt, vermählt sich mit Erzherzogin Margarethe (1870–1955), einer Tochter des Erzherzogs Joseph (1833–1905) und der Prinzessin Klotilde von Sachsen-Coburg-Gotha (1846–1927), wodurch die Habsburgischen Familienbande verstärkt werden.

HENRI DE TOULOUSE-LAUTREC (1864–1901), französischer Maler und Graphiker.

GRÄFIN ELISABETH UGARTE, geborene von Rochow-Briest, Wiener Hofdame.

BARONIN MARY VETSERA, Geliebte des österreichischen Thronfolgers Rudolf.

VIKTORIA (1819–1901), Königin von Großbritannien und Irland (ab 1837) und Kaiserin von Indien (ab 1876), Tochter Herzog Eduards von Kent und der Prinzessin Viktoria von Sachsen-Saalfeld, Nachfolgerin ihres Onkels König Wilhelms IV.

VIKTORIA (1840–1901), Tochter des Prinzen Albert von Sachsen-Coburg-Gotha und der englischen Königin Viktoria; Gemahlin des Kronprinzen (späteren deutschen Kaisers) Friedrich III. Wilhelm.

KARL GUSTAV VOLLMOELLER (1878–1948), deutscher Schriftsteller.

GRAF GEORG VON WALDBURG-ZEIL (geb. 1878), Ehemann der Erzherzogin Elisabeth, der ältesten Tochter der Erzherzogin Marie Valerie.

JOSEF WALTER, Leibkutscher Kaiser Franz Josephs.

WASA: Prinz Gustav (1799–1877), Sohn des entthronten Königs Adolf IV. von Schweden (1778–1837, aus dem Haus Holstein-Gottorp), k.k. Feldmarschalleutnant, 1829 nimmt er den Titel Prinz von Wasa an und ehelicht 1830 Luise Amalie Prinzessin von Baden (1811–1854), welche Ehe 1844 geschieden wird, das einzige überlebende Kind dieser Ehe (ein Sohn war kurz nach der Geburt verstorben), Prinzessin Karola (1833–1907), heiratet 1853 den Kronprinzen und späteren König von Sachsen, Albert (1828–1902), den Freund Kaiser Franz Josephs seit Kindertagen.
Amalie Prinzessin von Wasa (1805–1853), eine der Schwestern des Prinzen Gustav von Wasa, die in Hacking bei Wien lebt, und deren Hofdame, die Baronin Sophie von Scharnhorst, die Herausgeberin der Hofdamenbriefe ist.

WEBER, Feldwebel der Leibgarde-Infanteriekompanie der Wiener Hofburg.

HERMANN WIDERHOFER (1832–1901), Professor für Medizin, Leibarzt Kaiser Franz Josephs, in den Freiherrenstand erhoben.

GRAF HANS WILCZEK, österreichischer Zeremonienmeister.

WILHELM I. (1797–1888), deutscher Kaiser (ab 1871) und König von Preußen (ab 1861), zweiter Sohn König Friedrich Wilhelms III. und der Prinzessin Luise von Mecklenburg-Strelitz, folgt seinem Bruder König Friedrich Wilhelm IV. im Amt, dessen Ehe mit Prinzessin Elisabeth von Bayern kinderlos bleibt.

WILHELM II. (1859–1941), deutscher Kaiser (1888) und König von Preußen, ältester Sohn Kaiser Friedrichs aus dessen Ehe mit Prinzessin Viktoria von Großbritannien aus dem Haus Sachsen-Coburg-Gotha.

PRINZ OTTO ZU WINDISCHGRAETZ (geb. 1873), Ehemann der Erzherzogin Elisabeth (Tochter des Kronprinzen Rudolf) und Schwiegerenkel des Kaisers.

WLASSEK, Generalintendant des Wiener Burgtheaters.

ZAVADIL, kaiserlicher Rat, Stationsvorstand des Wiener Westbahnhofs.

ZENS, Leibkammerdiener Kaiser Franz Josephs.

CARL MICHAEL ZIEHRER (1843–1922), österreichischer Komponist.

ZITA (1892–1989), Kaiserin von Österreich, Tochter Herzog Roberts von Parma aus dessen zweiter Ehe mit Prinzessin Maria Antonia von Portugal.

ZRUNEK, Leibkammerdiener Kaiser Franz Josephs.

ZUROWETZ, Leibkammerdiener Kaiser Franz Josephs.

Quellen und Literatur

Haus-, Hof- und Staatsarchiv Wien (Dienstbücher und Anschaffungsbücher der Leibkammerdiener; Ischler Cur-Liste Nr. 13, 5. Juli 1898; Akten und Schriftverkehr der Goldmacherepisode unter Kaiser Franz Joseph), zwei Privatarchive.

Zeitschriften (Morgenpost, Illustr. Wiener Extrablatt, Ill. Kronen-Zeitung, Welt-Blatt, Wiener Familien-Journal).

Ausstellungskatalog Kaiser Franz Joseph I. und die Jagd. Interieurs und Gemälde im ehemaligen kaiserlichen Jagdschloß Neuberg an der Mürz. s.l. 1991.

Jean de Bourgoing (Hg.), Briefe Kaiser Franz Josephs an Frau Katharina Schratt. Wien 1949.

Egon Cäsar Conte Corti/Hans Sokol, Kaiser Franz Joseph. Graz, Wien, Köln 1979.

Dr. Franz Dirnberger, Das Wiener Hofzeremoniell bis in die Zeit Franz Josephs. Überlegungen über Probleme, Entstehung und Bedeutung. in: Ausstellungskatalog Das Zeitalter Kaiser Franz Josephs. 2 Bde., Wien 1984.

Franz Joseph I. im Bilde. Eine Reihe zeitgenössischer Darstellungen aus dem Leben des Kaisers und Königs. Wien 1918.

Brigitte Hamann (Hg.), Meine liebe, gute Freundin! Die Briefe Kaiser Franz Josephs an Katharina Schratt (mit Kommentaren der Herausgeberin). Wien 1992.

dies. (Hg.), Die Habsburger. Ein biographisches Lexikon. Wien 1988.

Franz Herre, Kaiser Franz Joseph von Österreich. Köln 1978.

Verena von der Heyden-Rynsch (Hg.), Elisabeth von Österreich. Tagebuchblätter von Constantin Christomanos (mit Beiträgen von E. M. Cioran und anderen). München 1983.

Hofdamenbriefe. Sammlungen von Briefen an und von Wiener Hofdamen aus dem 19. Jahrhundert. Gesammelt von B. v. S. (Baronin Sophie von Scharnhorst, Gesellschafterin einer schwedischen Prinzessin in Wien). Zürich 1903.

Wilhelm Karl Prinz von Isenburg, Stammtafeln zur Geschichte der europäischen Staaten. Berlin 1936.

Eugen Ketterl, Der alte Kaiser, wie nur Einer ihn sah. Der wahrheitsgetreue Bericht des Leibkammerdieners Kaiser Franz Josephs I., Wien 1980 (Ersterscheinung 1929).

Hans Leicht (Hg.), Ein Harem in Bismarcks Reich. Das ergötzliche Reisetagebuch des Nasreddin Schah. Stuttgart 1969.

Georg Markus (Hg.), Franz Joseph I. Bilder und Dokumente. Wien, München 1985.

Georg Nostitz-Rieneck (Hg.), Briefe Kaiser Franz Josephs an Kaiserin Elisabeth 1859–1898. 2 Bde. Wien, München 1966.

Hans und Marga Rall, Die Wittelsbacher in Lebensbildern. Graz, Wien, Köln 1986.

Josef Redlich, Kaiser Franz Joseph von Österreich. Berlin 1929.

Franz Schnürer (Hg.), Briefe Kaiser Franz Josephs I. an seine Mutter 1838-1872. München 1930.

Dr. Konrad Wurzbach, Biographisches Lexikon des Kaiserthums Österreich. 60 Bde. Wien 1868;

sowie andere biographische Nachschlagewerke, Künstler-Lexika und Enzyklopädien.

Dank

Für die viele Hilfe am Zustandekommen dieses Buchs möchte ich zunächst dem Chef des Hauses Habsburg, Erzherzog Dr. Otto von Österreich, besonders danken, der auf meine Bitte ein Stück seiner Familiengeschichte überarbeitete. Außerdem hat sich seine langjährige Sekretärin Elizabeth de Gelsey völlig uneigennützig zwischengeschaltet und mich mehrmals mit guten Ratschlägen und Kontakten versorgt. Tausend Dank nach Pöcking!

Besonderen Dank schulde ich dem ehemaligen Pächter der Hofapotheke, Herrn Mag. Posekany (selbst Nachkomme eines kaiserlichen Beamten, des Barons von Zuda, und mein persönlicher Ausdeuter der habsburgischen Apotheken-Rezepte) sowie der Apotheker-Familie Mag. Hugh, der Gräfin Georg Nostitz-Rieneck, die mir Literatur des verstorbenen Ehemanns zur Verfügung stellte, ihrem Enkel Dominik für die Herstellung des Kontakts, Frau Kommerzialrat Buchwieser für die Einblicknahme in das Privatarchiv des verstorbenen Ehemanns, und den immer helfenden Mitgliedern der Nationalbibliothek in Wien, Herrn Steindl und Herrn Tobias. Ein Extra-Dankeschön geht an Otto Hans Ressler, den Direktor der Wiener Kunstauktionen, und an seine immer hilfsbereite Gemahlin.

Meine liebe Freundin und Mentorin Helga Ermacora umarme ich herzlich für die Mitwirkung am Zustandekommen des Projekts, ebenso wie meinen Vater für die Transskribierungshilfe.

Zuletzt herzlichen Dank meinen Freunden, die mit zahlreichen Ratschlägen und vor allem mit dem reichen Fotomaterial helfend zur Seite standen, und den Besitzern der Kaiservilla in Bad Ischl, dem Ehepaar Erzherzog Markus Salvator und Hildegard von Österreich.

Gabriele Praschl-Bichler

Nachwort

Eine erste Grundlage für dieses Buch bot ein Manuskript von Joseph Korzer-Cachée, dem Verfasser der »Hofküche des Kaisers« (Amalthea, 1985). Er hatte in vielen Jahren seiner Tätigkeit als Beamter der österreichischen Schlösserverwaltung Material über die Habsburger zusammengetragen. Im Jahr 1994 erhielt ich von den Erben des 1987 verstorbenen Mannes Unterlagen, die sich unter anderem mit diesem Thema beschäftigten. Ich wurde gebeten, ein unvollständiges Manuskript zu überprüfen, zu erweitern und zu veröffentlichen, was – unter ermutigenden Zusprüchen der damaligen Lektorin des Verlags, Helga Ermacora – geschah. Das war gar nicht einfach, denn ich hatte wirklich nur ein Textfragment bekommen. Es fehlten Seiten, und leider waren die Quellenangaben und etliche wichtige originale Dokumente verlorengegangen. Obwohl ich eifrigst recherchierte, konnte ich nicht mehr die Ursprünge aller Geschichten herausfinden. Darüber hinaus habe ich – meiner Neugierigkeit folgend – Nachforschungen zum kaiserlichen Alltag betrieben und das Manuskript um Briefe, private Notizen und biographische Aufzeichnungen erweitert. Eine besondere Ergänzung erfuhr dieser Band durch Photos aus dem Alltagsleben der kaiserlichen Familie, die einem privaten Archiv entstammen und erstmals wiedergegeben werden durften.

Als Untertitel des Buches wurde ein nicht Geschichte gewordener Ausspruch gewählt, den der Kaiser einmal einem Journalisten gegenüber geäußert hat. Er soll darauf verweisen, wie wenige Möglichkeiten dem Monarchen offenstanden, alltäglichen Vergnügungen nachzugehen. »Privat-Sein« konnte Kaiser Franz Joseph nur in den eigenen vier Wänden seiner Residenzen, am liebsten in Ischl und dort wiederum auf den Jagdhochständen. Den wenigen zwanglosen Stunden, die ihm vergönnt waren, wurde mit dem vorliegenden Buch auf den Grund gegangen.

Personenregister

G

H